関口宏・保阪正康の

もう一度！近現代史

明治のニッポン

関口宏

Hiroshi Sekiguchi

保阪正康

Masayasu Hosaka

講談社

関口宏・保阪正康の もう一度!近現代史　明治のニッポン

MOU ICHIDO! KIN GENDAI SHI

MEIJI NO NIPPON

*

Hiroshi Sekiguchi
Masayasu Hosaka

講談社
KODANSHA

目次

1

どっちがホンモノ？2枚の「大政奉還絵図」

慶応三年
1867

大政奉還……幕末の一八六七年一〇月一四日、徳川慶喜《とくがわよしのぶ》が政権を朝廷に返上する。

徳川家の将軍が天皇に政権を返すって、いったいどういうこと？将軍と天皇の関係は？

関口　江戸から明治への大きな転換点といえば、「大政奉還」です。幕府最後の将軍、徳川慶喜が朝廷に政権を返しました。そして、大政奉還と言えばこの絵（9ページ）という感じですが、私も教科書で見た記

憶がありますね。これ、場所は江戸城ですか？

保阪　いえ、これは京都の二条城です。二条城は京都での徳川将軍の定宿で、幕府の拠点のひとつでした。この絵は一般的に大政奉還の絵だと思われていますけど、実は大政奉還の場面を描いたものではないのです。その前日に、将軍の徳川慶喜が一〇万石以上の藩の重臣を集めて、「これから天皇に大政奉還を上奏する」と発表している場面なのです。

関口　確かに、よく見ると手前の武士たちの中には顔を見合わせて驚いている人たちもいますね。突然、「明日から幕府を終わりにして、政権を朝廷に返す」なんて聞かされて、エエッと驚いた人たちもいたわけですか。

保阪　ええ、それだけ突然のことだったのでしょうね。慶喜の話を黙って聞く人の横で顔を見合わ

邨田丹陵画「大政奉還」
本図は、大政奉還があった前々日、10月12日の二条城黒書院での場面を描いたもの
（聖徳記念絵画館蔵）

せている人たちも描いて、彼らの驚きの大きさを強調しているわけです。ただ、この絵、歴史的な記録のために描かれたのだと思うんですが、実は正しいとは言えないんですよ。

関口 へえ、どこが正しくないのでしょう？

保阪 この絵では上座に慶喜が座っていますよね。でも実際には、慶喜はこの大広間のふすまの奥にいて、老中、板倉勝静《いたくらかつきよ》が代読したと言われています。

関口 絵には描かれているけれど、実際に発表したのは慶喜本人でなかった？　絵は後世に伝えるため、わかりやすくしたのかな？

保阪 実は、大政奉還にはもうひとつの絵があるんです。宮内庁に残されている絵で、同じ大政奉還を描いたものですが、こちら（下の図）のほうが史実に近いと言われています。大政奉還を表明した後、力のある藩の代表たちが慶喜に「お考えを支持します」と直接、伝えたとされていますが、その場面が描かれているんです。時系列的には、先ほどの絵の後になりますね。

豆知識 大政奉還当時、徳川慶喜は第15代将軍になって2年目。二条城は家康以来、将軍の京都での宿泊所だった。

五姓田芳柳「明治天皇御紀附図稿本」
（宮内庁宮内公文書館）

関口　実際、そんな場面はあったんですか？

保阪　あったようです。この絵では左から土佐藩の福岡藤次《ふくおかとうじ》、同じく土佐の後藤象二郎《ごとうしょうじろう》、広島藩の辻将曹《つじしょうそう》、薩摩藩の小松帯刀《こまつたてわき》、そして老中の板倉勝静がいて、上座に慶喜が座っています。老中の板倉は幕府を実質的に支えた中心人物でしたが、ここに集まった人たちも、慶喜や板倉の考えに共鳴していたと言われています。

関口　将軍が大政奉還を決意した後は、それを朝廷に伝えなければいけませんね。この二条城と天皇のいる京都御所はわずか一・七キロの距離ですが、「ちょっと、ひとっ走り行ってくるわ」なんて、簡単にはいきませんよね。

保阪　ええ、二つの建物の間は距離の問題ではなく、相当、複雑な駆け引きや思惑が絡んでいたでしょうね。

関口　大政奉還をした慶喜の真意というのは、いったいどんなものだったのか。僕にはそこがよくわからないのですが、そもそも朝廷は象徴的な存在で、政治を司る存在ではなかったわけですよね。

豆知識　大政奉還の前年、孝明天皇が崩御し、14歳の睦仁親王（後の明治天皇）が第122代天皇として即位していた。年若い天皇であるため、実権は摂政の二条斉敬が握っていた。二条斉敬は徳川慶喜の従兄弟。

保阪　ええ、朝廷は徳川幕府のような権力構造は持っていませんでした。だからこそ、慶喜には「いったん朝廷に政権を返すが、実質的に動かしていくのは自分たちだ」という心情があったと思います。力を失ったとは言っても、当時の徳川幕府は四〇〇万石の領地を持つ、国内最大の勢力ですからね。大政奉還という名のもとに、むしろ朝廷や天皇を取り込んで、自分たち幕府が新たに政治を担っていくことを狙っていたと思いますね。

関口　慶喜は、天皇や朝廷にはそんな力はない、これからも主導権を握ることができるはずだと考えて、大政奉還に踏みきったわけですか。なるほど。でも、学校で習う歴史では、そんなことまでは教わりませんでしたね。

保阪　ええ、もしかしたら、朝廷にはすぐに権力を動かせるだけの知恵と組織力があったかのように教わったかもしれませんが、実際にはそうではありませんでした。そして、徳川慶喜のほうにも、実はいろいろと思惑があったわけですね。

豆知識　突然行われた大政奉還に朝廷側は困惑し、当初は拒否したが、土佐藩の後藤象二郎らの強い説得によって受け入れたと言われている。

豆知識　徳川慶喜に対しては、「先見の明がある人物」という評がある一方、「日和見の対応しかできなかった」という見方もある。

2 徳川家茂《いえもち》、孝明天皇の急死と「暗殺説」の真相

慶応二年
1866

孝明天皇……江戸時代、最後の天皇。皇室の和宮親子内親王と結婚していた徳川家茂（慶喜の前の将軍）の義兄にあたる。

大政奉還の前年、朝廷と幕府を揺るがした連続死の真相とは？

関口　さて、大政奉還で時代は大きく変わっていくわけですが、その前年、実は不可解な出来事が幕府や朝廷内で起こっていたそうですが。

保阪　まず慶応二（一八六六）年七月、将軍の徳川家茂が弱冠二〇歳で死去します。その年の年末には、かたくなに開国を拒んでいた孝明天皇が三五歳の若さで崩御するのです。

関口　幕府と朝廷のトップ二人が立て続けに亡くなるんですか！　ずいぶん不思議なことが起こりますね。

保阪　孝明天皇の死因は、風邪をこじらせたとか天然痘など諸説ありますが、実は暗殺という説もあるんです。

関口　え、暗殺？　犯人は誰ですか？

保阪　孝明天皇の場合、側に仕える女官が天皇の食事に毒（ヒ素）を入れたのではないかという説があります。そして、その黒幕は「開国派」や「討幕派」ではないかというのです。というのも、孝明天皇は名だたる攘夷論者で、外国人を排斥しようとしていましたから、こうした国内勢力だけでなく、外国側の暗殺ではないかという声もあるのです。この問題は、昭和四〇年代にも学会で議論されていて、いまだに暗殺派と否定派に分かれていますが、結論は出ていません。

徳川家茂

孝明天皇

関口　なるほど。当時は「鎖国をやめて開国せよ」と声を上げていた開国派がたくさんいたわけですが、主な顔ぶれを見てみましょう。まず、武力を使ってでも幕府を倒して新しい国をつくろうとしていた討幕派。これは主に西郷隆盛《さいごうたかもり》や大久保利通《おおくぼとしみち》、木戸孝允《きどたかよし》など、薩摩藩や長州藩の志士たちですね。

保阪　下級公家の岩倉具視《いわくらともみ》もそうでした。この人たちをイギリスが支援していたんです。

関口　その一方で、土佐藩の山内豊信《やまのうちとよしげ》（容堂《ようどう》）や後藤象次郎などの穏健改革派がいたわけですね。

保阪　彼らは幕府を倒すのではなく、公武合体の体制で新しい政府をつくろうとしていたのです。

関口　さまざまな思惑の人がいたわけですね。でも、毒殺と言っても、誰もその現場を見ていませんよね？

保阪　ただ、時代の変わり目に若い二人が突然亡くなるというのは、かなり不自然ですよね。その後、明治天皇が一四歳で即位します。

明治天皇

関口　まだ一四歳ですか。いくら聡明でも、何かを判断するのは難しいでしょうね。

保阪　ええ、その年では周りの人の話には全部うなずくのも無理はないのではないでしょうか。実は、大政奉還と同じ日の一八六七年一〇月一四日、明治天皇から「徳川慶喜を討て」という「討幕の密勅」が下されています。

関口　え、即位してから一年も経っていませんよね。しかも、まだ一五歳の天皇がそんな密勅を出しますか？

保阪　実はこれ、勅旨伝宣の花押もないし、正式な手続きを経ていないため、偽物ではないかという説もあるのです。当時は、天皇の周囲にいる公家の中にも討幕に向けて動いている人々がいましたからね。たとえば、先ほども出てきた岩倉具視は王政復古を目指して討幕派と結び付き、討幕運動に深く関わっていました。以前から岩倉たちが主導して、いざというときすぐ倒幕にかかれるよう準備をしていたのではないかという話もあるんです。真偽は不明ですが、とにかくこの密

豆知識　この頃の徳川慶喜は新国家のための体制を構想していた。側近の啓蒙思想家・西周《にしあまね》による「議題草案」では、大統領制に近い大君制や西洋にならった三権分立など、新しい国家の骨組みが構想されている。天皇は象徴的地位に置かれていた。

徳川慶喜

勅によって討幕派が活気づいたのは事実です。

関口 でも、ちょうど同じ日に、徳川慶喜が大政奉還したんですね？

保阪 ええ、それで討幕派は焦るんです。慶喜は、幕府権力の永続を狙って大政奉還したと先ほど言いましたが、実はもうひとつの狙いがあったのです。それは、討幕派の動きを封じ込めるため。幕府をなくせば、討幕の名目もなくなりますからね。

関口 なるほど、幕府がなくなれば、幕府は倒せないと。徳川慶喜も考えましたね。周りに知恵の回る者がいたのかな？

保阪 ええ、幕府というのは、二七〇年もの間、日本を統治してきましたから、官僚組織が完全にでき上がっているんです。大老の井《い》伊《い》直《なお》弼《すけ》は桜田門外の変で暗殺されてしまいますが、先ほどの板倉勝静や阿部正弘など、他にも有能な人材が揃っています。幕府を動かす中心には、相当レベルの高い人物がいたと思いますよ。国を動かす基本的な戦略を立てていたわけですからね。

豆知識 井伊直弼は江戸時代末期の大老。日米修好通商条約に調印し、日本の開国を断行。安政7（1860）年3月3日、尊皇攘夷派の水戸浪士たちによって江戸城の桜田門外で暗殺された。

3

明治元年 1868

幕府軍を追い詰めた「錦の御旗」を創作した男

鳥羽伏見の戦い……一八六八年一月三日、一触即発だった幕府軍と政府軍が京都の鳥羽街道で開戦。

幕府は政権を返したのに、なぜ戦が起きた？

関口　さて徳川慶喜が大政奉還をしました。とは言え、当時の幕府は強大な勢力を持っていたわけですよね。

保阪　旧幕府は天皇を担ぎつつ、自分たちの勢力を保とうとしていました。それを阻止しようとしたのが討幕派の西郷隆盛や公家の岩倉具視です。彼らは大政奉還の二ヵ月半後に「王政復古の大号令」というクーデターで旧幕府を壊滅に追い込もうとします。それで、徳川慶喜が京都に向けて出兵したのです。

関口　ついに幕府と政府の戦いになるわけですね。旧幕府軍の兵士は一万五〇〇〇人、新政府軍は四〇〇〇人。旧幕府のほうが多いんですね。でも、新政府が勝ったんですか?

保阪　実は、その勝敗を決める重要なカギがあったのです。それは、「錦の御旗」。

関口　錦の御旗とは、天皇の軍を示す旗ということですね。

保阪　ええ、この錦の御旗によって、新政府軍は天皇を中心とする「官軍」で、旧幕府軍はそれに反抗する「賊軍」というニュアンスになるわけです。これまで国を率いていた幕府がいきなり賊軍になって征伐対象

豆知識　王政復古の大号令が出された慶応3年12月9日の時点では徳川慶喜は優位を保っていた。焦った薩摩ら討幕派は江戸の町で商家の強奪、江戸城内での放火など旧幕府を挑発。すると挑発に乗った幕府軍が薩摩藩邸や土佐藩邸などを焼き討ちした。この両勢力の武力衝突が戊辰戦争へつながった。

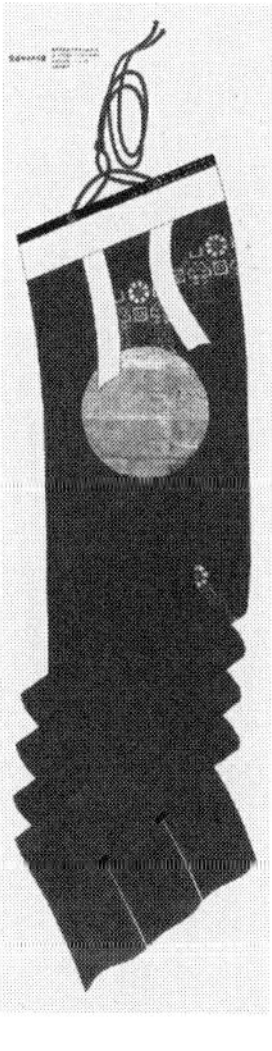

錦旗及び軍旗の精密な模写図
（「戊辰所用錦旗及軍旗真図」国立公文書館蔵）

となり、薩長を中心とする新政府軍が正義の側に立つ官軍となった。

関口　この旗で新政府軍は士気を高め、旧幕府軍のほうは見た瞬間に戦意を喪失してしまったというわけですか。

保阪　旗一つで一気に流れが変わってしまった。それが日本の軍隊の、実に不思議なところなんですね。

関口　江戸時代には葵の御紋を見せて、「これが目に入らぬか」「ははぁ！」というのがありましたが、日本人にはそういう性質があるのかもしれませんね。

保阪　賊軍といえば天皇の敵ですから、旧幕府軍にとっては最大の屈辱でした。実際、旗を見た旧幕府軍の兵士の多くが戦意喪失して退却してしまったそうですよ。

関口　もともとこの旗は天皇家にあったものですか？

保阪　いえ、数少ない文献史料から想像で作られたと言われています。

関口　え、誰が作ったんですか？

保阪　公家の岩倉具視ではないかと思いますね。戦の三ヵ月前から密

豆知識　慶応4年1月3日に始まった鳥羽伏見の戦いでは、兵士の数で圧倒的だった旧幕府軍が、4日に新政府軍が立てた「錦の御旗」で一気に逆転された。錦の御旗を持つ軍隊は「天皇から派遣された軍隊」という知識が当時の人々にも浸透していたためだという。

かに製作していたと言われています。どうやら、岩倉具視に依頼された腹心の玉松操《たままつみさお》という人がデザインして、それを元に、薩摩の大久保利通が西陣で買ってきた織物で長州の品川弥二郎が山口で作らせたと言われているのです。

関口　考え抜かれた演出だったわけですね！

保阪　岩倉は、いずれは旧幕府と新政府の武力衝突になるが、そのとき、天皇の権威のお墨付きになるものが必要だと考えて用意したのでしょう。

戦意を失った旧幕府軍。さて慶喜はどうする？

保阪　一月三日に戦が始まりましたが、五日に旧幕府軍が後退、なんと六日には慶喜が船に乗って江戸へ逃げてしまったんです。実質的には二、三日で終わりでした。

関口　将軍が兵を置き去りにして逃げたんですか？

保阪　ええ、慶喜が逃げ出したことで、軍事的にも政治的にも決着がついてしまいました。旧幕府はこの敗退で完全に力を失い、政権復帰などあり得ないと思い知らされたのです。慶喜は、ここで完全に身を引きます。

関口　江戸の庶民からしたら、いつの間にか京都で江戸幕府が終わっていたと。

保阪　当時の史料を読むと、江戸庶民は早耳ですから、この戦いのこともある程度は知っていたと思いますね。知る方法はいくつかあるんです。一つは飛脚ですね。江戸には各藩邸がありますから、特に重職にある人は京都と江戸の間に飛脚を使っていました。それから旅人。

関口　京都の噂や情報は、伊勢に行った人から入ってきます。

関口　でも、急に新しい政府なんて言われても、江戸の人たちには馴染みもないでしょう。

保阪　当時、江戸は約一〇〇万人を抱える世界一の都市。ロンドンよ

徳川慶喜が蟄居した上野寛永寺

り大きな街だったと言われていますからね。

関口 そう、江戸は徳川幕府のお膝元でしょう。そこで二七〇年も暮らしてきた人たちが、京都で決着がついて新しい政府ができましたといって、納得できるかな？

保阪 まあ、江戸市民もすぐには納得できないでしょう。ここでまた新政府は知恵を絞るのです。鳥羽伏見の戦いが一月、四月に江戸城の無血開城が行われ、九月に明治天皇が京都から東京に一ヵ月かけてやって来ますが、その翌月の一一月四日、お祝いと称して新政府から振る舞い酒が出ました。東京の一五九二町に、酒二九九〇樽、とっくり五五〇本、するめ一七〇〇把が配られた。政府への政権交代を浸透させるための秘策だったのでしょう。

関口 江戸は新政府にも天皇にも馴染んでいませんから、どうにかして庶民の心を掴む必要があった。人心を掴むには、こういうものが必要だったんですね（笑）。

江戸市民に祝い酒を振る舞う（「御酒頂戴」東京都立中央図書館特別文庫室蔵）

4

江戸城開城！ 大奥千人の美女はどこへ消えた？

明治元年
1868

江戸無血開城……一八六八年三月、幕府の勝海舟《かつかいしゅう》と薩摩藩の西郷隆盛が交渉会談を行い、四月一一日、江戸城の開城が行われた。

将軍が戦から逃げ出すなんて、あり得なくない？
その後の江戸はどうなった？

関口　この絵は、幕府の勝海舟と薩摩の西郷隆盛の交渉の場面を描いたものだとされていますね。

保阪　ええ、勝海舟は江戸・高輪の薩摩藩邸に西郷を訪ねて、江戸城を開城する代わりに江戸への総攻撃を回避してくれるよう、交渉するわけです。

関口　この絵は教科書にも出ていますよね。だけど、これは想像図でしょう？

保阪　そうです。想像して描かれた。僕はこれを見るたびに思うのですが、二人だけで話して無血開城に至ったとか、そんな単純な話ではなかったと思いますよ。

関口　本当のところは違った？

保阪　実際は、この場には他の人もいたと言われています。きっと薩摩弁と江戸弁で話し合われて、もしかしたら西郷は、余計な抵抗をしたら我々は何をするかわからない、なんて脅したかもしれませんよね。勝のほうも一方的に聞くわけにはいきませんから、「こちらにも覚悟があるが、それでよござんすか？」とか、互いに相手の出方を見ながら駆け引きし合ったのではないでしょうか。そもそも、こういう場で普通は座布団を敷きますよね。それもないし、勝の

結城素明画「江戸開城談判」（聖徳記念絵画館蔵）

豆知識　西郷隆盛（1828〜1877）は薩摩藩の下級武士だったが藩主・島津斉彬に抜擢される。藩の勢力争いに巻き込まれ失脚するが、その後復帰。薩長同盟の成立や王政復古を主導した。

顔も写真とはちょっと違うなと。

関口 勝海舟の顔はこんな顔ではなかったかな？　わかりやすくするために象徴的に描いたかもしれませんね。

さて、会談で出た攻撃中止の条件は以下のものでした。

・徳川の家名存続を許すこと
・慶喜は死罪を免じ、水戸へ謹慎
・江戸城は明け渡すこと
・軍艦、兵器を引き渡すこと
・江戸城内の家臣の退去・謹慎
・慶喜の謀反を助けた者も死罪を免じ、追って処罰する

こうした条件で江戸城接収が完了したと。そういえば、江戸城にはたくさんの女性たちが過ごしている大奥がありましたね。その女性たちはどうなりました？

保阪 当時の大奥には一〇〇〇人もの女性がいたようですね。大奥に

豆知識 幕臣の勝海舟（1823〜1899）は蘭学、西洋兵学を修得、さらに長崎海軍伝習所に学んだ。安政の改革で才能を見出され、咸臨丸艦長や軍艦奉行などを歴任。戊辰戦争時には旧幕府軍の陸軍総裁となり、早期停戦を主張していた。

豆知識 江戸へ逃げ帰った徳川慶喜は水戸に移った後、7月からは駿府の宝台院で謹慎生活に入った。当時30歳。

入る女性はそれなりに高い格式の家から来ることが多かったのですが、城の明け渡し前にそれぞれの家へ帰らせたようです。当時は、薩摩出身や長州出身であっても幕府に忠誠を誓う人はいたようですし、城内で抵抗する家臣も多かったでしょう。

関口　天璋院《てんしょういん》篤姫《あつひめ》も、まだ江戸城にいましたよね。

保阪　ええ、ですが篤姫は故郷の薩摩を捨てて幕府に捧げるという強い信念を持っていた人ですから、薩摩には帰らず、この後も東京で暮らしたんです。

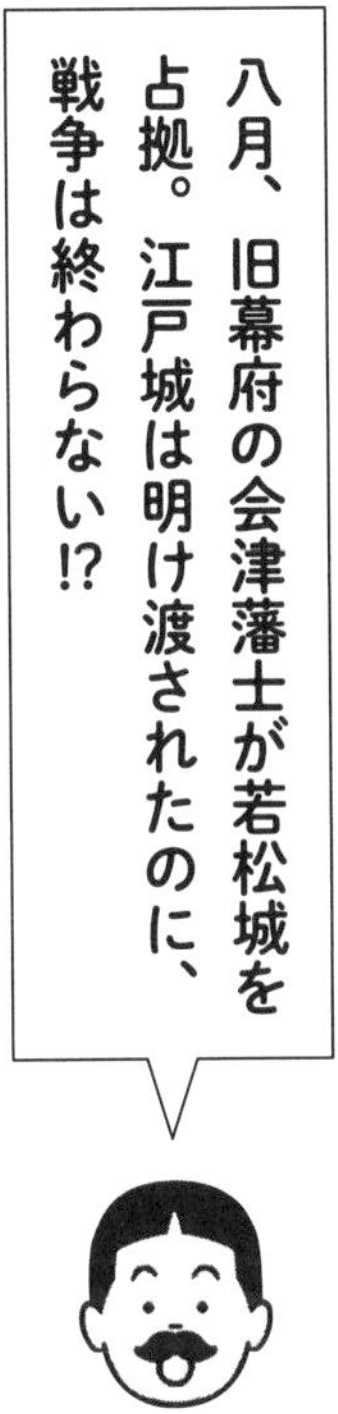
八月、旧幕府の会津藩士が若松城を占拠。江戸城は明け渡されたのに、戦争は終わらない!?

関口　幕府が解体された後も、納得のいかない旧幕府の藩士たちは各地で新政府軍と戦いつづけたんですね。

天璋院篤姫

保阪　とくに会津が、戊辰戦争《ぼしんせんそう》の中心という感じでしたね。

関口　だけど、そもそも会津藩って幕末には京都守護職を任されて、天皇のいる京都を守っていたんですよね？

保阪　ええ、会津藩は天皇や朝廷への思いも非常に強い藩です。それなのに賊軍になったわけですから、納得できませんよね。「自分たちこそが官軍で、あいつらこそ賊軍じゃないか！」という思いがあったでしょうね。

関口　白虎隊《びゃっこたい》の自害という悲劇もありました。白虎隊はまだ一六、一七歳の少年たちですよ。会津若松城の籠城も苛烈をきわめたとか。なぜ、そんな状況に？

保阪　武器がまったく違ったからです。新政府軍は城に大砲を次々に撃ち込んできましたが、会津城に籠城する兵士は太刀打ちできませんでした。会津藩は夜にこっそりと城を抜け、町に出て新政府軍の兵士に斬りつけるくらいで、とても戦争の体を成していなかったそうです。

一ヵ月後、ようやく会津が降伏しますが、悲劇は続きます。新政府

豆知識　白虎隊は会津藩によって組織された16〜17歳の武家の男子による部隊。会津藩では年齢別に組織が分かれており、他に玄武隊、青龍隊、朱雀隊があった。白虎隊の中には志願して15歳で出陣した者や、幼少組として加わっていた14歳の少年もいた。

軍は会津の人たちに遺体の埋葬を禁じたのです。半年間も町中に死体が溢れたままで、犬に食べられたり腐ったりと、それは悲惨な状況だったとか。戦に負けたことより、薩長を中心とする官軍のこうした仕打ちに、会津の人はいまも恨みを残しているといいます。

関口　なぜ、そんな酷い仕打ちをしたんでしょう？

保阪　見せしめですね。戦争は会津から他の藩にも続いていきますが、新政府軍に逆らうとこうなるぞ、と。

関口　新政府軍って、ドラマなどでは正義を目指すヒーローのように描かれますけど、裏では相当、残虐なこともやっていたんですね。

保阪　ええ、調べれば調べるほど、会津の人たちが怒るのもムリはないと思ってしまいます。

5

函館陥落！　敵将・榎本武揚《えのもとたけあき》「投降」の手みやげ

明治二年
1869

箱館戦争……一八六八年一二月、旧幕府軍は蝦夷地（北海道）に「箱館政権」を樹立して新政府軍との戦いに突入する。

「蝦夷地に新しい国をつくるぞ！」軍艦八隻と幕臣二〇〇〇人を率いて戦った榎本武揚とは？

関口　函館は当時「箱館」と書きました。五稜郭って、きれいなお城ですね。

保阪　こういう建物の発想自体、珍しいですよね。一八六四年、幕府の命を受けた洋学者・武田《たけだ》斐三郎《あやさぶろう》がヨーロッパに造られた城塞都市をヒントに設計したものです。箱館戦争までは奉行所として使われていました。

関口 大政奉還が一八六七年ですから、五稜郭はできたばかりだったんですね。榎本武揚は、ここで新しい国をつくろうとして政府軍と激しい戦争になるわけですが、この榎本という人はいったいどんな人だったんですか？

保阪 榎本武揚は、幕府の海軍の指導者といってもいい立場にいた人です。幕府が解体されると、十何万人もの幕臣たちが職を失ってしまいます。彼らを救わなければいけないと考えて、榎本は自分たちの力で北海道を開発して、新しい国をつくろうと考えたんですね。

関口 幕府はもうダメだ、一方で新しい政府にも従えない。それなら新しい国をつく

豆知識 函館は安政6（1859）年に貿易港として開港。蘭学者・武田斐三郎による設計で1864年に完成した五稜郭は、蝦夷地の管理を行う場所であると同時に、函館を外国の侵攻から守る目的があった。

榎本武揚と五稜郭

ってしまおう、ということですか。武器はたくさん持っていたんですか?

保阪　ええ、船も武器もかなり持っていっています。

関口　でも負けてしまう。敗因は何だったのでしょう?

保阪　旧幕府側の兵士たちの戦闘意欲の問題だと思いますね。会津戦など、ここに至るまでに負けつづけていますから。新政府のほうに風が吹いていることを肌で感じとっていたのではないでしょうか。

関口　時代の流れですかね。努力が足りないとか、戦術が悪いといったことではなく、最初から勝負は見えていたのかもしれませんね。

旧幕府軍として戦った榎本武揚と土方《ひじかた》歳三《としぞう》。さて、二人の運命はいかに……?

関口　箱館を占拠していた旧幕府軍は、新政府軍の北海道上陸からわずか一ヵ月半ほどで降伏。榎本たち箱館政権の閣僚は全員、捕らえら

豆知識　榎本武揚は、土方歳三などとともに諸藩脱走兵約2000人を連れて五稜郭に立てこもり、蝦夷共和国の樹立を目指した。

れてしまうんですね。

保阪 でも、榎本はその後、二年半で出獄しているんですよ。しかも驚くことに、出獄後には北海道開拓使や逓信大臣、文部大臣など、政府の要職に就いています。

関口 へえ、政府に逆らったのに、どうして？

保阪 榎本の能力が高かったからでしょうね。彼はオランダに五年間留学して造船技術を学んでいます。オランダ語も英語もできますし、当時のオランダの法律についても勉強しています。オランダの海軍術をまとめた書籍『万国海律全書』をオランダで写し取り、降伏したときにこれを新政府軍に差し出しているんです。こういう船で海軍を作ったほうがいいと進言した。それで新政府側も、榎本は語学もできるし、知識も能力もあるということで政府の要職に取り入れるんです。

関口 その榎本と、箱館で一緒に戦ったのが新撰組の土方歳三でしたね。彼は馬の上で銃弾に当たって、戦死しましたよね。榎本と大きく運命が分かれたのですね。

土方歳三

保阪　新撰組は、幕末に京都警備隊として反幕府勢力を取り締まった幕府側の組織です。そのまま旧幕府軍として戊辰戦争を戦いますが、各地で負け続けるんです。

関口　確か、局長だった近藤勇《こんどういさみ》も千葉で捕らえられて斬首されていますよね。

保阪　近藤勇の首は、京都の三条河原でさらし首にされています。幕府に加担するとこうなるぞ、という見せしめです。朝廷の敵として死後も辱めを与えるんですね。

関口　また見せしめですか！　残酷ですね。新政府軍のイメージがどんどん覆されてしまいます。

保阪　そう、明治維新というのは、言い方を換えれば、革命なんですね。革命には暴力が伴います。暴力の背景には憎悪がありますから、結局は暴力で決着をつけようということになる。とてもきれいごとではすみません。この時代というのは、そういう時代だったんですね。

豆知識　新撰組はもともと大政奉還に反対の立場だった。新撰組局長の近藤勇は、慶応4年4月3日に下総流山（千葉）で捕らえられ、偽名を名のるものの新政府軍に「近藤勇」と知る者があり、25日に斬首。その首は京都の三条河原にさらされた。

近藤勇

6

明治四年 1871

廃藩置県——二七〇藩を「恩讐」で再編した新政府

廃藩置県……一八六九年、版籍奉還で藩の土地と人民を国に返還。七一年、廃藩置県で完全に藩を廃止される。

この時代、土地と人民はまだ藩のものだった。それらを新政府が我が物とした方法とは?

関口　さて、新政府が権力を握ったとはいえ、明治二年の段階では、まだ各藩がそれぞれ領地を治めていました。そんな状態では、国を支配しているとは言えませんよね。

保阪　そこで、新政府の参議となった薩摩藩の大久保利通と長州藩の木戸孝允が知恵を絞るわけです。土佐の板垣《いたがき》退助《たいすけ》や肥前の大隈重信《おおくましげのぶ》にも呼びかけて、まず自分たちの藩で、土地（版）と人民（籍）を朝廷に返上した。

関口　薩・長・土・肥が率先して、土地も人民も朝廷に返納しますから、他の藩も返上しましょう、と。

保阪　そして、朝廷がどんな人がどこに住んでいるかという台帳を作って一元管理しようとしたのです。藩主は「知藩事」となって藩の歳入の一割が与えられました。

関口　中央集権的な考え方が登場したわけですね。

保阪　でも、実質は徳川時代と大して変わりませんでした。それで二

大久保利通（右）と木戸孝允

廃藩置県を発表

年後の明治四年七月、政府は全国の主な知藩事を集めて「廃藩置県」を突然、発表するんです。

関口　不意討ちで各藩に反発するスキを与えないようにしたわけですか。それにしても、大改革ですね。

保阪　とにかく藩を潰して、藩の権益に依存している人を離さなければ国を変えられないと考えたんですね。これで約二七〇あった藩が一使三府七二県になりました。

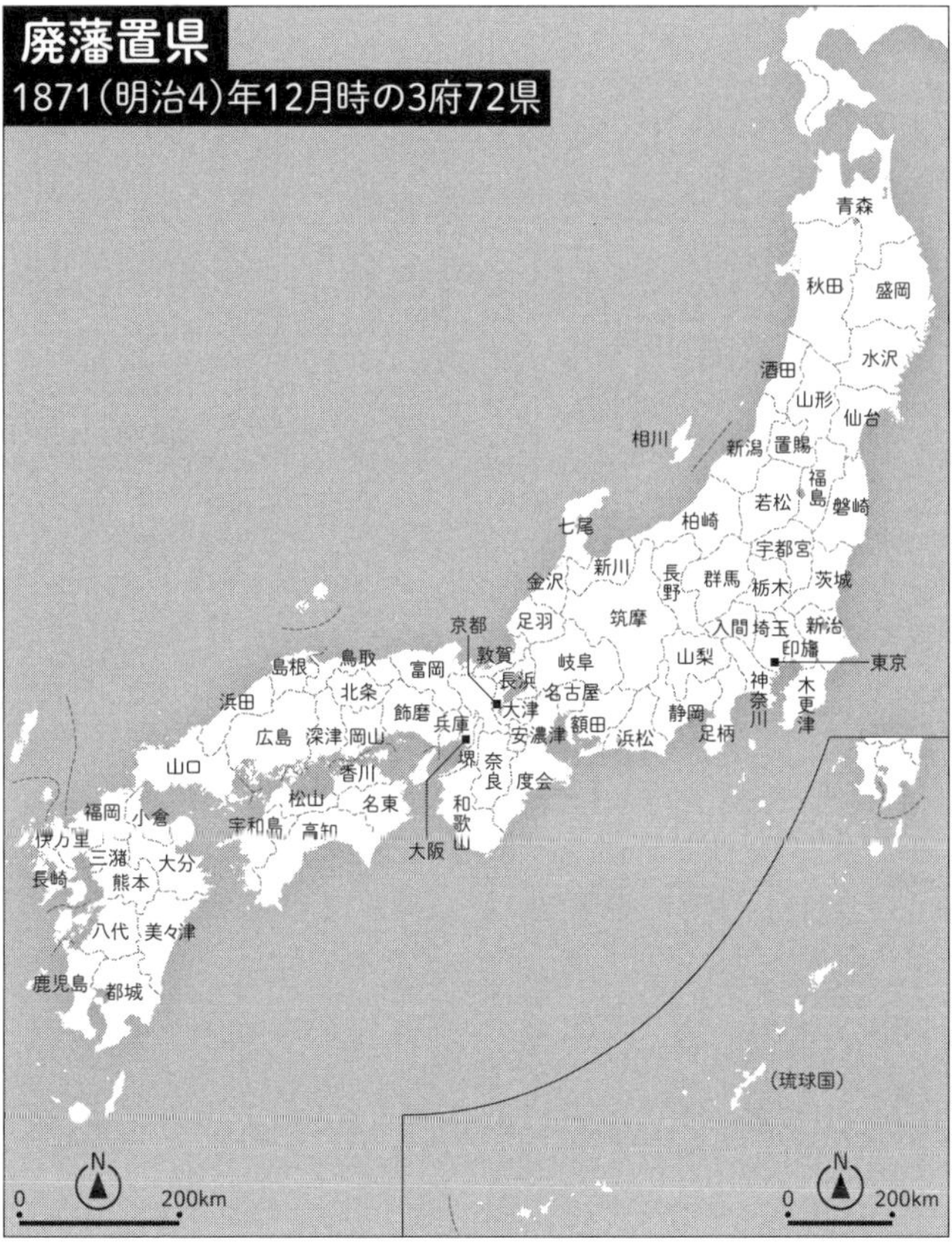
廃藩置県
1871（明治4）年12月時の3府72県
青森
秋田
盛岡
酒田
水沢
山形
仙台
相川
新潟
置賜
福島
若松
磐崎
七尾
柏崎
宇都宮
金沢
新川
長野
群馬
栃木
茨城
足羽
筑摩
入間
埼玉
新治
京都
印旛
東京
島根
鳥取
富岡
敦賀
岐阜
山梨
長浜
名古屋
神奈川
木更津
浜田
北条
飾磨
大津
兵庫
静岡
広島
深津
岡山
安濃津
額田
浜松
足柄
山口
香川
堺
奈良
度会
松山
名東
和歌山
福岡
小倉
宇和島
高知
大阪
伊万里
三潴
大分
長崎
熊本
八代
美々津
鹿児島
都城
（琉球国）
N
0
200km

「我が藩がなくなる？」藩士たちにとって廃藩置県は一大事。内乱も起きかねない大革命だった！

保阪　そのために、岩倉具視はしっかり対策を考えていましたよ。戊辰戦争後に薩摩に帰っていた西郷隆盛に、薩摩を中心とした「御親兵」を準備させていたのです。

関口　御親兵というのは、天皇の守護役ですね。

保阪　これが後の近衛師団になるわけです。

関口　逆らう者は征伐するぞという、軍事的な圧力をかけた。それで大きな抵抗がなかったわけですか。

保阪　それもありますが、知藩事たちにとってはメリットもあったのです。給料が保証されて、生活が安泰になるという。実は当時、多くの藩が借金を抱えていたんです。江戸時代に武士の生活が華美になり

豆知識　1871年、新政府は薩摩藩、長州藩、土佐藩からの献兵約1万人によって政府直属の軍隊である御親兵を創設。廃藩置県を断行できたのは御親兵の軍事力があったからと言われている。翌年、御親兵は近衛兵に改称された。

豆知識　旧藩主は新政府によって役人「知藩事」に任命され、藩の歳入の一割の収入が与えられた。

過ぎて、江戸や大阪の商人から借金をしている藩が多かったのですが、その借金も政府が帳消しにしてくれるというのです。

関口 だけど、それまで別の藩だった地域をまとめて県をつくるのは大変な事業ですよね。

保阪 だから、よく考えられていましたよ。実は廃藩置県には、新政府のある意図が隠されていたのです。

関口 どんなことですか？

保阪 たとえば、盛岡藩は戊辰戦争で旧幕府側につきました。すると敗戦後、いまの宮城県南部の白石に移されてしまいます。元の領地は、政府側だった弘前藩の領地と合併させられて弘前県になります。これは、盛岡藩に対する制裁であり、その領民の精神的な支柱や忠誠心をなくすという狙いもありました。反対に、政府に貢献した弘前藩は、弘前県と名前を残されて、厚遇されています。

関口 ああ、盛岡藩は「おしおき」されたんですね。

保阪 その後、弘前県、黒石県、七戸県、八戸県、斗南《となん》県が全部一緒

豆知識 版籍奉還によって身分制による差別などを廃止する一連の改革が実施され、公卿や大名は「華族」、武士は「士族」、その他は「平民」に再編成された。当時の人口から見ると平民は9割以上。明治3年9月には平民にも苗字の公称が許された。

豆知識 当時の民は藩への忠誠心があったため、新政府はあえて藩の名前を県名に残さなかった。これにより民の忠誠心のありようが崩れ、武士も精神的支えがなくなったと言われている。

になって、青森県にまとめられました。

関口　青森出身の方は、津軽（弘前や黒石）と南部（七戸や八戸など）では文化が全然違う、と言っていますよ。

保阪　こういうのを見ていると、新政府って執念深いなと思います。この藩は政府に逆らった、この藩は政府に貢献したと評定して、差別化しているんです。

関口　最後まで新政府軍に抵抗していた会津藩も、確か本州の最北端、下北半島北部に送られていますね。

保阪　会津藩は下北半島に移されて斗南藩になります。その後、会津の主な領地は若松県になり、最終的に隣の福島県と磐前《いわさき》県と合併されて福島県になったんです。

関口　そこでもやはり、会津県という名前は使わない。

保阪　そうです。新政府軍に逆らった藩は、天皇に弓を引いた反逆者として許さないわけです。廃藩置県というのは、実は新政府による恐ろしい復讐劇だったんですね。

青森県の成り立ち

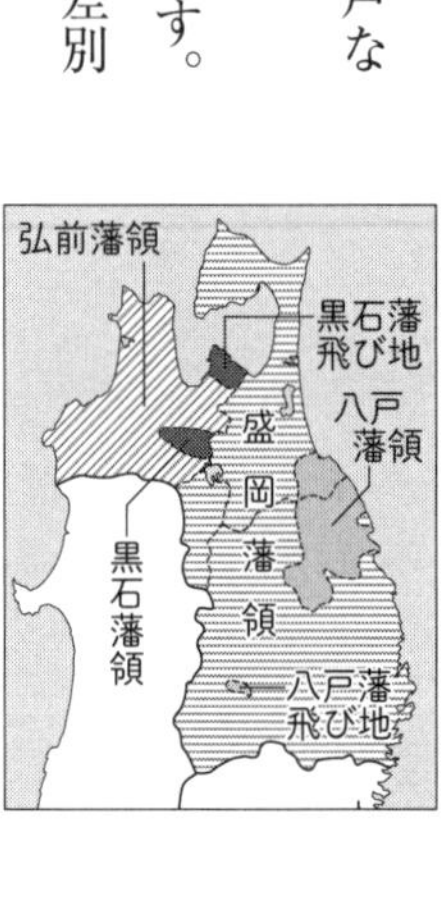

豆知識　明治4年7月14日、在京の知藩事を招集して皇居で三条実美が「廃藩置県の詔」を伝達した。東京移住を命じられた知藩事に代わり、新政府から新たな府知事・県知事が任命されたが、藩をつぶして知藩事や武士の既得権益を奪うため、失敗すれば内乱となる。計画は極秘裏に進行され、知藩事にとっては寝耳に水だった。薩摩にいた島津久光は悔しさのあまり、夜通し花火を打ち上げたという。

ところで、藩の借金ってどうなったの？

保阪　実は、当時の国家予算三〇〇〇万円に対し、旧藩の借金は約一億円もあったんですよ。政府はその半分を債務不履行として処理。つまりなかったことにした。

関口　じゃあ、金を貸していた商人はどうなるんです？

保阪　商人が各藩に貸していた金の半分は、チャラにされたんです。商人たちには大打撃ですよ。これが日本一の経済都市・大阪の転落の要因になったと言われます。

関口　実は廃藩置県でもっとも損をしたのは、大阪の商人たちだったんですね！

保阪　こんな思い切ったことができるほど、新政府の権力は強かったということでしょうね。

豆知識　約1億円の旧藩の債務総額の約50％は債務不履行として処理され、残りは年数をかけて支払われた。この後も、債務が多すぎるために士族の家禄をなくしていくなどの大改革が行われた。

7

明治二年 1869

飛脚から電信へ 文明開化で郵便ポストに小便する人

電信と郵便の発達……一八六九年一二月、東京―横浜間で電信が始まる。七二年七月には全国で郵便制度がスタート。

それまで飛脚が手紙を運んでいた日本。でも、東京―横浜間の電信がわずか三ヵ月で開通だって。

関口 江戸時代の末期から、欧米はすでに電信でつながっていたそうですね。日本はまだ飛脚の時代ですが。

保阪 ええ、近代国家を目指す日本が欧米と肩を並べるために大きな課題だったのが、情報伝達の技術でした。そこで、戊辰戦争が終わるとすぐにイギリスの電信技師を呼んで、東京―横浜間を三ヵ月で開通させたのです。

関口　いよいよ文明開化の時代ですね。道路も整備されて、次は街の中に電柱ができて電気を送るわけですね。そして、この機械。「ブレゲ指字電信機」というらしいですが、これを使って文字を送る。送信機（左）をグルグル動かして字を選ぶと、受信機（右）の針が動いて、送られた字がわかるようになっています。

だけど、かなり原始的なものだったんだな。時間もかかるし、誰かがずっと見ていなければいけませんね。

保阪　それで、後にモールス方式の電信機に変わったようです。まあ、確かに時間はかかりますが、当時は世界とつながったという感覚は大きかったでしょうね。

関口　そうですね。それまでは人が走るか、馬に乗って行くほかに、情報を伝える方法がなかったですからね。

ブレゲ指字電信機（郵政博物館蔵）

保阪　その後、明治六年には東京―長崎が開通します。すでに明治四年にデンマークの電信会社によって開通していた長崎―上海、長崎―ウラジオストックと接続したことで、世界的に電信網がつながったわけです。

関口　この時代から、すでに海底ケーブルで電線をつないでいたんですか。これは、新しい国ができたばかりの日本にとっては、非常に役に立ったでしょうね。

当時、手紙は飛脚が運んでいた。でも、庶民にとっては高嶺の花だった!?

関口　さて、庶民の生活も変わってきます。手紙です。

保阪　実は、飛脚の料金というのは非常に高くて庶民には手が出なかったんですね。そこで、政府で交通などを担当していた官僚の前島密《まえじまひそか》が郵便制度の改革に動き出します。

豆知識　電線が通ったとき当時の庶民には「電線の下を通ると体に悪い」、「処女の生き血が塗ってあるらしい」、「衣類を入れた包みを電線に結んで送れる」などの勘違いや迷信があったという。

関口 1円切手の顔でお馴染みの前島密ですね。

保阪 ええ。前島は、明治五年になると全国に郵便局を作ってポストを設置します。市内なら一銭という全国均一の料金で、しかも格安で配達する郵便制度を開始したんです。

関口 誰もが気軽に使える郵便制度を作った。これは一大事業でしたね。

保阪 郵便の歴史を調べてみると、意思伝達を図る信書の重要性が日本で理解されるのは、江戸時代の途中からなんです。それまでは飛脚に文書を運ばせても、どこかで飛脚が襲われて文書が紛失したり、文書を抜かれたりすることが、しょっちゅう起きていました。それが明治になって新しい国家をつくろうというときに、きちんと制度を整えて、本格的な郵便事業に取り組んでいます。それはつまり、明治政府が信書の重要性を認識していたということです。信頼性の高い郵便制度は近代国家の条件のひとつですが、前島など政府官僚たちは、そうしたことを理解したうえで、どの国の制度を取り入れたらいいかと模

1円切手の前島密

索したんですね。

関口　近代国家に郵便制度は欠かせないとわかっていたわけですね。前島たちは、どの国の制度に学びましたか？

保阪　イギリスです。当時、イギリスは車も使って郵便配達するなど、ずいぶん進んでいました。イギリスを模範にしたのは、先見の明があったと思いますよ。

関口　これが当時の郵便ポストですね。赤くないですが。

保阪　黒いんです。聞くところによると、トイレと間違えておしっこをかけた人がたくさんいたとか（笑）。

関口　「便」と書いてあるからですか？　便の箱だからおしっこをしていいと。ええ？　そんな勘違いした人がいたんですか？

保阪　ええ、黒いから夜は見えなくて、ぶつかる人もいたりしてね。それで赤くしたんじゃないですか（笑）。

豆知識　このときの郵便制度は、駅逓権正の前島密が江戸時代の飛脚に代わるものとしてイギリスをモデルとして作った制度。4種類の切手や、郵便ポスト、郵便局も設置された。サービス開始当初は東京―大阪間を運送員がリレー式で走り、所要時間は約78時間だった。

8

「日本人は小便臭い！」岩倉使節団男女一〇七人の珍道中

明治四年
1871

岩倉使節団……一八七一年一一月～七三年九月、岩倉具視をはじめとする総勢一〇七名が世界を視察。

国を開いたばかりの明治時代に、一〇七人で一年一〇ヵ月間の海外視察。豪勢やな!!

関口　明治四年一一月一二日、横浜港に祝砲が鳴り響きます。岩倉具視や大久保利通などの使節団が、欧米一二ヵ国を巡る壮大な旅に出発したんですね。

保阪　諸外国の政治や産業、技術を直に見て学ぶために、政府が使節団を送ったわけです。また、幕末に外国と結んだ不平等条約是正のための予備交渉という目的もありました。当時の日本は、米英など五ヵ国に治外法権を容認していて、関税も相手のいいなりでしたからね。

関口　日本で外国人が起こした犯罪も裁けなかったんですよね。その条約是正のための予備交渉がもうひとつの目的だったと。さて、使節団のメンバーは、岩倉具視、大久保利通、伊藤博文《いとうひろぶみ》、木戸孝允など薩長土肥の政治家を中心に、政府の官僚から女子留学生まで、総勢なんと一〇七人！

保阪　後に津田塾大学の創設者になる、七歳の津田梅子もいたんですよ。

関口　でも、廃藩置県からまだ四ヵ月ですから、不

岩倉使節団（山口県文書館蔵）

満分子が内乱を起こさないとも限りませんよね。そんなときに政府中枢が日本を留守にして、大丈夫ですかね？

保阪 そう思いますよね。彼らも、自分たちの不在時にクーデターが起こる危険性は感じていて、対策をしているのです。たとえば、各自が信頼できる人を留守政府の要職に就けています。公家の岩倉は、公家の三条実美《さんじょうさねとみ》。薩摩の大久保利通は同郷の西郷隆盛。長州の木戸も山《やま》縣《がた》有朋《ありとも》と井上毅《いのうえこわし》など、それぞれ自分に近しい者に任せるんです。さらに、大きな制度改革や人事は行わない、重要案件は報告しあうなど、細かい取り決めをしています。

関口 でも、こんなときに日本を抜け出すとはね。意地の悪い見方をすると、岩倉さんや大久保さんは、日本を背負うのが面倒になったかなという気もしますが……。

保阪 それ、実は当たっていると思いますね。彼らには、敵も増えているんです。これまでかなり強引にやってきましたからね。ですから、大久保は西郷を出す、岩倉は三条を出すことによって、自分たち

津田梅子

豆知識 岩倉使節団の主なメンバーは、岩倉具視、木戸孝允、大久保利通、伊藤博文など。留学生ほか61人（うち女子は5名）を含む計107名で、平均年齢はほぼ30歳だった。

への恨みをさりげなく逸《そ》らす狙いもあったかもしれませんよ。

アメリカに到着した一行だったが、ついつい浮かれて大失敗……？

関口　さて使節団は、一ヵ月もかけて船旅でサンフランシスコへ向かい、そこから約五〇〇〇キロの大陸を列車で横断して、ようやくワシントンに到着します。各地で歓迎を受けた一行を、ホワイトハウスではグラント大統領やフィッシュ国務長官らが出迎えます。

保阪　大歓迎を受けたんです。すると日本側は、アメリカの歓迎ぶりを読み間違えて、条約改正の本交渉に入ってしまうのです。

関口　あれ、予備交渉と言っていましたよね。なのに、いきなり本交渉に入ってしま

フィッシュ国務長官

ホワイトハウスで出迎え

ったわけですか!

保阪 そうなんです。するとアメリカは、天皇の許可がなければ交渉できないと突っぱねます。国の代表である天皇の委任状がなければ条約の改正ができないということを、日本側はこのときはじめて知るんですね。外交の常識を知らなかった。そこで急遽、伊藤博文と大久保利通が天皇の委任状をとるために帰国します。

関口 でも、また鉄道と船で二ヵ月はかかりますね。

保阪 しかも帰国後、委任状をめぐって留守政府と大揉めになるんです。外務卿の副島種臣《そえじまたねおみ》や寺島宗則《てらじまむねのり》は、「交渉には、事前の準備が必要」と大反対します。一説によれば、追いつめられた大久保が「腹を切る!」とまで言ったのに、副島は「どうぞご勝手に。あなたが腹を切ろうが、こちらには関係ありませんから」と応じたそうですよ。

関口 厳しいですね。結局、二ヵ月も揉めたんですか。

保阪 ええ、大激論の末、寺島がお目付け役として使節団に参加することを条件に、ようやく委任状が下ります。そして三人は六月に使節

伊藤博文と大久保利通

豆知識 1860年代にも遣米使節や遣欧使節が派遣されていた。
・1860年～遣米使節団(日米修好通商条約の批准書交換)、護衛として咸臨丸が随行(勝海舟、福沢諭吉)
・1862年～榎本武揚がオランダ留学
・1863年～長州五傑(井上馨、伊藤博文など)がイギリス留学
・1864年～新島襄が函館からアメリカに密航
・1867年～渋沢栄一の遣欧使節団(幕府が海外渡航を正式に許可)

団に戻り、治外法権撤廃、関税自主権回復をアメリカに要求するのですが……。

関口 ダメだったわけだ。わざわざ帰国したのに。

保阪 アメリカは、今度は日本の司法制度は前近代的だから対応できないとケチをつけるわけです。また、五ヵ国で結んでいる条約だから、アメリカだけでは変えられないと拒否したんですね。

勇み足の使節団、見事に撃沈！
一行は改正を諦めて一路イギリスへ。
そこで見たものとは？

関口 この後、一行はイギリスへ向かいますが、一時帰国によって予定が大幅にずれたため、英国のヴィクトリア女王が夏期休暇に入ってしまって謁見《えっけん》できず、一一月まで待たされたと。また旅程が延びるわけですか。

豆知識 岩倉使節団の渡航目的は、
- 幕末の不平等条約是正への予備交渉
- 幕末以来の条約締結国へ国書を渡す
- 西洋列強諸国の文明・制度視察

の3つだった。

保阪　この間はイギリス国内を視察していたそうです。

関口　当時のイギリスは想像を絶する先進国でしょう。

保阪　彼らはそれを見て、とても驚いたようですよ。当時のイギリスは外国から原料を集め、高度な製品を作って輸出する「世界の工場」でした。大久保利通が大山巌《おおやまいわお》にあてた手紙では、「外国から原料を輸入して、製品を輸出している。イギリスの富国の理由が理解できた」と書いています。イギリスを国造りのモデルにできると思ったのではないでしょうかね。

関口　そんな中、大事件が起こるんですね。旅費を預けていた海外の銀行が破綻して二万五〇〇〇ドル、約五億円が消えちゃった？　お金は戻らなかったの

イギリス各都市を描いた版画
（『米欧回覧実記』久米美術館所蔵）

ですか？

保阪　ええ、詐欺にあったんですね。

関口　大変なことばかり続きますね。当時、欧州の日本人留学生の間でこんな狂歌が作られたとか。「条約は結び損ない　金とられ　世間に対してなんといいわくら」。いったい何をしているのかと。うまいこと言うね（笑）。

海外に行くのははじめての人がほとんどだった岩倉使節団。その道中、何が起きていた？

関口　まずは横浜からサンフランシスコへの船旅ですが、当時は約一ヵ月もかかったのですか。

保阪　ええ、サンフランシスコ―横浜―香港を結ぶ定期船アメリカ号に乗っていくんですね。

豆知識　岩倉使節団は、海外の銀行の日本支店にお金を預け、訪問先の銀行で引き出すという方法をとっていた。

豆知識　明治４年11月12日に出港し、太平洋の荒波で船酔いしながら、同年12月６日サンフランシスコに到着。23日間の船旅だった。

関口　つい四年前まで「攘夷!」とか叫んでいた人たちがアメリカの船に乗るわけですよね。大丈夫だったのでしょうか?

保阪　洋食も知らない人ばかりですからね。全権大使随行として参加した久米邦武《くめくにたけ》の『特命全権大使米欧回覧実記《べいおうかいらんじっき》』に旅の詳細な記録がまとめられていますが、中にはアメリカの船員が唖然とするような食事マナーの人もいたそうです。

関口　ナイフやフォークも使えませんものね。

保阪　また、団員たちは船の上で和服から背広に替えたんですが、それも大変だったようです。実は日本では、使節団出発の直前にまげを切って帯刀をやめるという「散髪脱刀令」が出されましたが、ほとんどの人はまだチョンマゲの和服姿。そんな彼らは背広に慣れていませんから、ズボンを脱ぐのに手間取って、トイレで用を足すのに間に合わない。

関口　え、そうすると……?

保阪　漏らしちゃう(笑)。慣れている和服ならすぐ脱げるのに、背

髪を切った岩倉

広のズボンには時間がかかって粗相してしまうんです。アメリカの船員たちは、「日本人はなんであんなに小便臭いんだ！」と言っていたそうですよ。蛇口をひねったら水が出るというのも、信じられなかったでしょうね。水洗トイレにも驚いたようです。

関口 トイレの使い方はわかりましたかね。

保阪 日本人は、ふたを閉めて使っていたそうです。

関口 ふたを閉めてどうする！　あの上にしちゃいましたか（笑）。まあ、我々の若い頃にも、外国を知らずに失敗した笑い話はたくさんありますけどね。アメリカに着いてからも、建物なんかを見て驚いたでしょう。

保阪 宿泊した五階建ての広壮なホテルに驚愕したそうです。久米の『米欧回覧実記』には、こう書かれています。「小さな部屋に入れられ、あっという間にドキンと動いて吊り上げられた」。エレベーターですね（笑）。

関口 日本にはないですからね。アメリカの夫婦が手を握り合う姿にも驚いたとか。「欲望や感情を露骨に表すのは、いかにも見苦しい習俗」ですって。

保阪 まあ、日本の習慣にはありませんでしたからね。

アメリカ各地でもてなされた使節団。でも、実は歓迎だけでもなかったようで……。

保阪 着物姿で髪を結ってかんざしを着けた日本女性の周りには、常に人だかりができていたそうですよ。

関口 アメリカ人も、日本人の姿に驚いたんですね。

保阪 そういった社会風俗の違いも珍しかったのでしょうけど、実は「見世物」という側面もあったんです。岩倉はそこに「文化が遅れている」という軽蔑のまなざしも感じ取るわけです。そこで彼は、シカゴで断髪します。女性たちもシカゴで洋装に替えたら、神秘性がなくなったと言われ、見世物的な人気はたちまち消えたそうです。

豆知識 一行は、レディファーストなどのアメリカの習俗を「奇怪」、裸体画には「嫌悪」を感じたという。

豆知識 着物姿で「人形のようだ」と人気を集めていた5人の日本女性たちが洋装に着替えると、地元新聞は「ただの貧相な女の子になってしまった」と嘆いた。

関口　いろいろと複雑な思いも経験したんですね。

保阪　ええ、資料を読むと、彼らは外国でずいぶん恥ずかしい思いもしていますし、笑われたりもしています。でも、それにめげずにさまざまな場所を見て回り、細かく質問して、詳細に記録に残しているんです。その真面目さや健気さは、自分たちの国を良いものにしたいという真摯な思いからきていたのではないでしょうか。

関口　そうですね、観光旅行ではないですからね。

保阪　また彼らは、世界の現実も目の当たりにします。

たとえば、サンフランシスコからワシントンまで大陸横断鉄道で大平原をひた走るのですが、「三日三晩走りつづけて、人が一人もいない」と、アメリカの土地の広さに愕然としているのです。

関口　日本人の想像を超えた広さだったわけですね。

保阪　また、この旅で彼らはアメリカ先住民のことも知ったそうです。大陸横断鉄道の車内から、土地を奪われたアメリカ先住民が簡素なところで貧しい生活をしているのを見ています。先住民族を犠牲にする

豆知識　アメリカの大陸横断鉄道は完成して間もない時期だった。サンフランシスコからソルトレークシティ、オマハやシカゴを経由して、1872年1月2日、ワシントンに到着。歓迎行事のため途中下車しながら約1ヵ月かけてアメリカを横断した。

形でアメリカという文明国が成り立っていることを知り、「現実世界というのは、弱肉強食なのだ」と実感したという話が残っています。

関口 へえ、それは驚きですね。強い者の世界で弱い者が追いやられている現実を見てしまった。

保阪 それで「我々日本人は、弱者になってはいけない」という気持ちを強くしたようです。

関口 さて、一行はその後、イギリス、フランス、ベルギー、オランダ、ドイツ、ロシア、デンマーク、スウェーデン、イタリア、オーストリア、スイスと回って、ようやく帰国するわけですね。

保阪 結局、旅程は大幅にずれて一年一〇ヵ月もかかってしまいました。渡航費も五〇万円、現在の価値で一〇〇億円にも上りました。

関口 これは、留守政府も困りましたね！

パリ・凱旋門を描いた版画
(『米欧回覧実記』久米美術館所蔵)

9

混浴は禁止！ガス灯、学制、牛肉食、鉄道敷設

明治五年
1872

鉄道開業……一八七〇年に鉄道建設が始まる。七二年九月一二日、新橋—横浜間に鉄道が開通。

岩倉使節団が海外にいる間にも、日本では着々と国造りが進んでいた。いざ文明開化の巻！

関口 岩倉使節団がいない間に、日本も変わっていきます。明治五年、新橋—横浜間に鉄道が開通します。

保阪 鉄道建設を実行したのは、かつてイギリスに密航して、鉄道を

豆知識 鉄道開通まで主導したのは、幕末に伊藤博文と一緒にイギリスに密航して鉄道にほれ込んだ長州出身の井上勝。井上は日本の鉄道開

目の当たりにしていた伊藤博文と、幕末に鉄道模型を目にしていた肥前藩の大隈重信の二人です。明治二年に鉄道建設が決定して、翌三年からイギリス人技師の指導のもとで建設が始まっていました。機関車もイギリスから一〇両輸入して、わずか二年半で鉄道を開通させてしまったのです。

関口 歩いて一日がかりだった距離が、わずか五〇分ほどで行き来できるようになったと言いますね。

保阪 ええ、文明というのは、こうした鉄道や通信などの新技術を取り入れることによって、時間が短縮され、その分、新たな知識の吸収ができるということです。新しい技術で社会全体の活力がアップするわけです。

関口 その前月の八月には、学制も発布。旧来の寺子屋が廃止され、全国に学校がつくられたんですね。

保阪 小学校は下等四年、上等四年で計八年制の学校です。

関口 富国には教育が欠かせないということですか。

業に尽くし、日本の鉄道の父と呼ばれる。

新橋—横浜間鉄道

保阪　はい、明治政府はこの点にすごく熱心でした。「各家に不学の人なし」というスローガンを掲げて、国民皆学を目指したのです。

関口　この時期は、先ほどの電信の普及に加えて、土木、建築、農業、医学、法律、軍制など、外国の技術や制度を積極的に取り入れて、産業の近代化を急いでいますね。明治五年には、有名な富岡製糸場もつくられました。ここにはフランスの技術が導入されたんですか。

保阪　そうです。富岡製糸場は当時、世界一の規模だったと言いますね。

関口　このときまでの日本は、海外に売れるものはあまり持っていなかったでし

「上州富岡製糸場之図」
（東京都立中央図書館特別文庫室蔵）

豆知識　江戸時代までは寺子屋、私塾、藩校などで教育が行われていたが、明治政府は国民皆学が必須と考え、全国に4万7000の小学校を設置すると発表した。だが当初は授業料がかかるうえ、貴重な労働力である子供に農作業や家事をさせられなくなるという理由で反対する家庭が多く、小学校焼き討ち事件なども起こった。

豆知識　生糸は幕末からすでに輸出品だったが、質の悪い製品が混ざり、外国から品質改善の要求が相次いでいた。政府は外貨獲得の基幹産業にすべく生糸の品質改善や生産性向上を目指して、大規模な富岡製糸場をつくった。

ょうね。

保阪 それで、政府はこれから生糸を日本の輸出産業の柱にすると判断したわけです。そして成功します。導入した技術も高かったのですが、それを使いこなす日本人の能力が高かったとも言えると思います。製糸場で雇われた女性の中心層は、それまで勤めに出ることなどなかった武家の子女たちだったそうです。

関口 ヨーロッパでは蚕の病気が流行り、中国でも太平天国の乱が起きて輸出が減少していたことも影響したようですね。これで日本の輸出が拡大して、明治政府にも少しお金ができたわけですか。

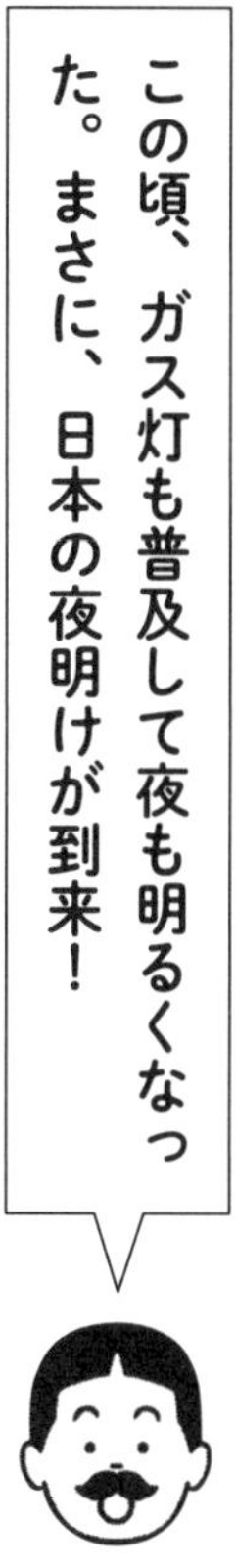
この頃、ガス灯も普及して夜も明るくなった。まさに、日本の夜明けが到来！

保阪 昔の著名人の自伝を読むと、当時、町のガス灯が点いたときの驚きと喜びを表しているものが多いんですね。当時の人々が、いかに

豆知識 日本のガス事業はフランス人技師アンリ・プレグランの指導のもと高島嘉右衛門によって始められた。明治5年、横浜で現在の馬車道通りや横浜駅周辺に設置された約300のガス灯に火が灯った。あまりの明るさに見物人が押しかけ、明治天皇も見学したという。その2年後には東京の銀座通りにも街灯としてガス灯が設置された。

夜の町の明るさに驚いたかがわかります。

関口　江戸時代は、夜は蠟燭だけですもんね。当時の人はびっくりしたことでしょう。この頃は、食べ物にも西洋化の波が押し寄せます。流行ったのは牛鍋です。それまでの日本人は、あまり肉を食べなかったんですよね？

保阪　ええ、でも明治政府が積極的に肉食を勧めたのです。なぜなら日本人の体格が小さかったから。欧米風に肉食をせよ、牛乳を飲め、と勧めました。

関口　それまで肉食はタブー視されていたんですよね。

保阪　ええ、でも明治天皇が率先して肉を食べたことで、恐れることはない、肉を食べていいのだ、となった。明治初期の作家、仮名垣魯《かながきろ》文《ぶん》は『安愚楽鍋《あぐらなべ》』という小説で東京や横浜の店に牛肉を食べに来る客の姿を描いています。恐る恐る食べる男性の横で、食べ慣れた様子の芸者さんが美味しそうに肉を頬張っている様子とかね。

関口　また、近代国家の体裁を整えるために、混浴が禁止されまし

歌川国鶴画「横浜商館並ニ辨天橋図横浜ステーション蒸気入車之図並ニ海岸洋船燈明台を眺望す」
（東京ガス　ガスミュージアム蔵）

た。そりゃそうです（笑）。まあ、江戸時代は混浴が当たり前でしたからね。さらに、人前で裸になることや、入れ墨も禁止されました。

保阪 日本に来たお雇い外国人や外交官たちは、よく幕末明治の日本の印象を書いているんですが、彼らが驚くことの一つに、日本女性の姿があるんです。女性たちが夏に家の前にたらいを置いて、上半身裸になって身体を洗っていると。乳房が見えても、全然恥ずかしがっていないことにビックリしているんです。当時の日本人は、結構おおらかだったんですね。

関口 裸で堂々と（笑）。まあ、おおらかですな。

西洋かぶれで牛鍋を食べる人を描く

10

農家の次男、三男たちの「徴兵逃れ」㊙作戦

明治六年 1873

徴兵令……一八七三年一月発布。二〇歳以上の男子は徴兵検査を受け、合格者は三年間の兵役につく。

岩倉使節団と「大きな改革をしない」と決めていた留守政府。なのに、改革はどんどん進む!?

関口　明治六年は、国内の改革が次々に進んだ年です。まず一月に徴兵令を発布。満二〇歳以上の男子は徴兵検査を受け、合格者は三年間の兵役につくことになりました。

保阪　国民皆兵を目指したのです。このとき日本がモデルにしたのがフランスの軍制度です。ただ、フランスの軍制は必ずしも日本の実情に合っていなかったと思います。フランスはロシアまで直線的に攻めていくような「攻め」の軍隊。でも日本に必要だったのは「守り」だったんです。

関口　その後、日本の軍隊は徐々にプロイセン（ドイツ）型に変わっていったようですね。

保阪　ええ、実はヨーロッパに渡った岩倉使節団も、ドイツで軍事の重要性を学んでいるんです。当時、ドイツは約三〇〇の小国が統一したばかりで、英・仏・露などの列強に囲まれていました。そんなドイツの鉄血宰相・ビスマルクは、岩倉使節団のメンバーにこう教えるわけです。

「条約改正より、富国を優先すべきだ。相手に弱みを見せたら条約改正などできない。常に警戒を怠るな！」

感銘を受けた大久保利通は、手本にすべきはドイツだと実感して、

豆知識　政府は志願制にすれば給与や退職後の年金が必要でコスト高になると考え、徴兵令を制定した。主導したのは長州出身の山縣有朋。明治4年の壬申戸籍をもとに全国で徴兵や徴税などが可能になっていた。

西郷隆盛にそのことを手紙で伝えています。

関口　へえ、そんな出会いがあったんですね。

保阪　私は、岩倉使節団のクライマックスは、このビスマルクとの会見だったのではないかと思いますね。

「国のために戦え！」に、庶民の反応は？

関口　さて、徴兵制によって国民の生活はどう変わったのか。当時、こんな本がベストセラーになっています。兵役免除の条件や方法を紹介した『徴兵《ちょうへい》免役《のがれの》心得《こころえ》』。徴兵検査を免除される人がいたわけですね。

保阪　ええ、身長一五五センチメートル未満など体格基準に合わない者や、官吏医科学生や海陸軍生などの学生。さらに世帯主や長男など家督相続をする者。そして、代人料二七〇円（現在の五五〇万円）以上を払った者です。

『徴兵免役心得』（みどり市大間々博物館蔵）

関口　兵隊になりたくないなら、五五〇万円払え、と。

保阪　実際に兵役につく人の多くは貧しい農家の次男や三男で、農家の貴重な労働力でした。彼らはお金が払えませんから、抜け道を探すわけです。私が調べた中には兵役逃れのために死んだことにした人もいましたが、もっとも多かったのは他家の養子になる人でした。

関口　養子で長男になれば、免れたわけですね。やっぱり、皆、兵役を嫌がったんだな。家の稼ぎ手も減ってしまいますしね。

保阪　ええ、それから政府は徴兵を説明する際、命懸けで国を守るという意味で「血税」という言葉を使ったのですが、これが逆効果だった。「血を抜かれる」と誤解されて、各地で血税一揆が起こりました。でも、不満を持ったのは庶民だけではありませんでした。もっとも怒ったのは、徴兵令で職を失った、約一九〇万人の士族たちです。

関口　自分たちの存在意義が奪われると思った？

保阪　ええ、こうした士族の不満を、留守政府内で汲み取っていたのが西郷隆盛です。彼は大久保利通と同じ薩摩藩出身でしたが、新政府

豆知識　農家の労働力である次男三男が徴兵される重い負担に民衆は激しい拒絶反応を示し、各地で一揆に発展したが、なかでも5月に美作（岡山）で起きた一揆は、6昼夜続き、軍隊により鎮圧、処刑者は2万6000人に及んだ。

豆知識　政府は徴兵告諭で徴兵義務を説明する際にこう記した。「西人之ヲ称シテ血税ト云フ　其生血ヲ以テ国ニ報スルノ謂ナリ」これが誤解され、「徴兵とは生き血を抜かれることである」「西洋人は生き血を飲む」などの噂が流布した。

のやることにすべて賛成というわけではありませんでした。なぜなら、彼は政府要人たちの私生活に、すっかり失望していたからです。

関口　私生活？　汚職でもありましたか？

保阪　乱脈な女性関係ですね。

関口　そっちですか！（笑）

保阪　実は当時、新政府の要人の多くが、愛人や妾を持っていたんです。しかも一人でたくさんの女性を抱えるなど、性が乱れきっていました。西郷は、新政府の要人たちのそんな姿が許せなかったのでしょう。

関口　彼には、士族たちの不満も理解できますしね。

保阪　ええ、ですから盟友の大久保に留守政府を任されたものの、西郷は大きな不信感を抱いていたんですね。明治四年に岩倉使節団が世界に旅立つ際には、関係者たちが横浜港まで見送りに行ったのですが、船が出た後、西郷はこう言ったそうです。「あの船が沈めばな」と。

関口　え、恐ろしい話ですね。本当ですか？

保阪 その真偽は不明ですが、あいつらがいなくなれば、俺たちでやるのに、という本心はきっとあっただろうと思いますね。

関口 実際、岩倉使節団がいない間に、留守政府はどんどん改革を進めてしまっていますね。七月には地租改正を行い、米による納税から、土地価格の三パーセントにあたる現金の納税に変えました。こんな大改革、留守の間にやっていいんですかね（笑）。

保阪 明治の三大改革と言われる、学制（教育制度）、徴兵令（兵制度）、地租改正（税制）の三つは全部、この時期にやっちゃった（笑）。岩倉使節団が不在の間は、重要な改革はしないと約束したはずなのにね。

関口 この税制改革をすれば、政府の収入は安定しますよね。でも収穫は天候に左右されますから、農民たちは大変になったでしょうね。米の価格が下落しても納税額は変わらないんですから。

保阪 そうです。それで全国で一揆が続発するんです。

関口 士族も不満だらけ、農民も不満だらけだった。

地租改正測量図（秋田県立博物館蔵）

保阪　実際、政府は士族と農民の不満が一体化して反政府勢力になることを恐れていました。そこで、政府は税率三パーセントから二・五パーセントに減税して、何とか不満を抑えようとしたのですね。

関口　なるほど。それで有名な「竹槍でどんと突き出す　二分五厘」という川柳が作られたんですね。

三重県下頑民暴動之事件

11

命懸けで「朝鮮派遣」を訴えた西郷の覚悟

明治六年
1873

征韓論……一八七三年、明治政府が朝鮮半島の釜山《プサン》に公館を設置。朝鮮側が公館への物資搬入を妨害、政府内で朝鮮出兵論が盛り上がる。

国内改革を進めた政府は、いよいよ海外へ進出。朝鮮が日本に激怒した理由とは？

関口　さて、「征韓論」というものが出てきました。「朝鮮を武力で討つ」という、非常に不穏な言葉ですが、どんな経緯があったのでしょう。

保阪　もともとは明治元年、新政府が誕生したことを伝える書状を李氏朝鮮に送ったことに端を発します。朝鮮がその書状を拒否したのです。なぜなら、朝鮮が与えた印ではなく、新政府の印を使っていたから。そして清（中国）だけが使えるはずの「皇」の字を使ったから。

関口　朝鮮にとって、宗主国は清であり、「皇」とは清の皇帝を指す。なのに、日本が皇の字を使った、と。

保阪　中国がこの字を使うのはいい。でも「日本が我々に対して使うとはけしからん！」ということでしょう。

関口　江戸時代までは対馬藩が朝鮮と幕府との間に立って、いろいろな揉め事もうまく解決していましたが、廃藩置県で対馬藩がなくなってしまいましたからね。

保阪　それで日朝外交が行き詰まってしまったのです。そこで、日本政府は明治四年、朝鮮の宗主国である清国と対等な「日清修好条規」を結びます。

関口　日本と中国との関係が対等になったのですね。

豆知識　朝鮮半島は、4世紀から高句麗・百済・新羅の三国時代が続いたが、676年新羅が半島を統一、936年にはその新羅などを倒し高麗が半島を統一する。1392年、高麗の武将だった李成桂が朝鮮王朝を建国した。この時代、高宗が李氏朝鮮王朝第26代国王の座にあった。

豆知識　宗氏が治める対馬府中藩は対朝鮮外交の窓口となり、釜山を舞台に日朝貿易も許可されるなどして栄えたが、廃藩置県により厳原《いづはら》県となり、明治5年に長崎県の一部となった。

保阪　ええ、これで朝鮮との関係も良くなるはずだと日本は考えたんです。そして明治六年、朝鮮の釜山に日本の公館を設置。そこを外務省の拠点として拡充していこうとしていた矢先、日朝間で衝突が起こります。公館に物資を搬入しようとした日本側を朝鮮側が妨害して、門前に「無法の国」と掲示したんです。

関口　それで、政府内で征韓論が盛り上がるのですね。

保阪　すぐ兵を送ろうと主張したのは、征韓論強硬派の板垣退助でした。西郷隆盛も征韓論派でしたが、まずは自分が使節として朝鮮に行き、そこで何かあったら開戦の口実にしようという案でした。朝鮮を刺激して、大義名分を日本に引き寄せようとしたのですね。でも、このときは明治天皇が岩倉具視の帰国を待って議論しようと止めます。明治天皇はまだ二〇歳でしたが、賢明な判断だったと思いますね。戦争には安易に賛成しなかった。

関口　そこで、岩倉たちが明治六年五月に急遽、帰国するわけですね。さて、そこでどうなるか？

豆知識　明治6年8月17日の閣議で「すぐに陸兵、軍艦を派遣すべき」とする板垣と、使節派遣を重視する西郷が対立した。西郷は実は非征韓論派であるとの説もある。

保阪　岩倉や大久保は、征韓論に真っ向から反対します。それで、政府を揺るがす大政争へ発展したのです。しかも岩倉たちのいない間に、政府の中枢には後藤象二郎や江藤新平《えとうしんぺい》など、土佐や肥前出身の人間が増えている。

関口　人事は替えない約束でしたよね。使節団側にしてみれば、「おいおい、約束が違うぞ」ということになる。

保阪　そこから内治派と征韓論派に二分していきます。岩倉や大久保などの内治派は、国内整備を優先しようと主張。板垣や西郷などの征韓論派は、不平士族たちの不満を逸らすために朝鮮に派兵しようと主張するのです。

「派遣を中止したら死ぬ!」と脅した西郷の命懸けの勝負の行方は?

保阪　この頃、征韓論派の西郷は、太政大臣《だじょうだいじん》の三条実美に手紙を送

豆知識　岩倉使節団は予定を早め、スエズ運河からインド洋を通って、シンガポール、ベトナム(サイゴン)、香港、上海をめぐるルートで横浜に到着した。

り、もし使節派遣が中止になったら「死を以って国友に謝し候」と、自裁をほのめかして脅しているのです。若い天皇が三条の意見を聞いていたので、三条に圧力をかけたのでしょう。一方、内治派の大久保も、息子たちにこんな遺書を書いています。「この難に斃れて以って無量の天恩に報答奉らん」。こちらも、命を懸けると言っているんですね。

関口 でも、西郷と大久保って同郷の友人でしたよね。

保阪 ええ、でもこの頃から袂《たもと》を分かつんです。

関口 そして、明治六年一〇月、政府要人による閣議で朝鮮に使節を派遣することが決定しますが……。

保阪 西郷は、三条に閣議決定を天皇に伝えるよう要請しますが、大久保と岩倉と木戸孝允が反発して辞表を出したので、板挟みになった三条が病気で倒れてしまったのです。三条は、同じ公家出身でも岩倉よりはるかに高い地位にいましたから、その分、重圧も大きかったんです。

征韓論をめぐって紛糾する閣議

関口　プレッシャーに参ってしまったわけですね。

保阪　そこで、太政大臣代理に就任した岩倉具視が、「派遣」と「延期論」の二つの案を天皇に出すんです。とはいえ、岩倉は派遣反対派でしたから、実際には延期論のほうを強く勧めたという説が濃厚です。

関口　それで、天皇は派遣延期を決定した？

保阪　ええ、西郷はすっかり失望して薩摩に帰ってしまいます。すると、板垣や江藤、後藤たちも次々と辞表を出し、さらに西郷を慕っていた政治家や兵士などが計六〇〇名も辞めてしまうのです。こうして、実質的に大久保中心の政権ができ上がるわけです。

関口　これが「明治六年の政変」ですか。西郷さんは、大久保利通に敗れて、薩摩に引きこもるわけですね。

明治6年の政変

10月15日	使節派遣を閣議決定（大久保以外が賛成）
17日	大久保・岩倉が辞表提出
	西郷は三条実美に派遣決定を天皇に伝えるよう要請
18日	三条が病で倒れる
19日	岩倉が太政大臣代理に就任
23日	岩倉が「派遣決定」と延期論の両方を上奏
	➡ 天皇が派遣延期を決定
	➡ 西郷が辞表提出、士官600名とともに鹿児島へ
24日	板垣、江藤、後藤、副島らが辞表を提出
25日	伊藤博文、寺島宗則、勝海舟を参議に起用

豆知識　明治6年10月14日閣議の出席者は、三条実美（太政大臣）、岩倉具視(右大臣)、西郷隆盛、板垣退助、大隈重信、後藤象二郎、江藤新平、大木喬任、大久保利通、副島種臣。木戸孝允は病欠した。閣議を行った場所は「馬場先門内の仮庁舎」と推測されている。

12

台湾出兵という政治的賭けに勝った大久保の絶頂

明治七年
1874

台湾出兵……一八七四年五月、日本軍が台湾南部に上陸。一〇月、「日清両国互換条款」調印。

朝鮮出兵に反対した大久保。
なのに、次の年には台湾出兵へ。
その理由とは？

関口　あれ？　前回（明治六年）、朝鮮出兵で政府内が揉めましたが、その翌年に台湾に出兵するんですか？

保阪　そうなんです。実はこの三年前、台湾に漂着した琉球人のうち、五四人が台湾の先住民に殺されるという「宮古島島民遭難事件」が起こっていました。それを、三年後の明治七年になって大久保利通が蒸し返し、台湾討伐を決めるのです。三年前の事件を持ち出すところに大久保のしたたかさが感じられますが、この台湾出兵によって、日本の政局は大きく変わっていきます。

関口　大久保は朝鮮出兵に反対したのに、台湾には南下しようとするわけですか。

保阪　ええ、征韓論には反対しましたが、大久保は征韓論に与《くみ》していた連中もしっかり抑えなくてはいけませんから、このあたりで自分の政治的立場や意思を表明しておくという意図だったのではないかと思います。

関口　この台湾出兵は大久保が考えたんですか?

保阪　ええ、すべて大久保が考えました。事件から三年も経ち、すでに問題が解決していたかに見えるときに、いきなり三〇〇〇もの兵を上陸させて琉球人を殺害した先住民族のパイワン族を攻めるんです。

豆知識　明治4年、台湾に漂着した宮古島の島民66人のうち54人が、台湾の先住民族パイワン族に殺害された。

豆知識　当時の台湾は人口二百数十万人。清国が統治し、漢民族が島の西から北、アミ族、パイワン族、タイヤル族、ブヌン族、タロコ族など十数の先住民が東から南に定住し混在していた。

そして賠償金を要求する。指揮をとったのは西郷隆盛の弟、従道《つぐみち》です。

関口　西郷さんの弟。どういう人ですか？

保阪　隆盛は明治政府を出ていきますが、弟の従道はずっと政府内にいました。心中では兄を慕っていたというエピソードもありますが、表の場ではいっさいそれを見せなかった人です。台湾出兵の際には、隆盛が密かに激励のメッセージを従道に伝えていたという説もありますが。

関口　征韓論派だった隆盛は、台湾に出兵する弟の従道を応援していたかもしれませんね。

保阪　あり得ますね。台湾出兵という口実を使っていますけれども、結局は征韓論と同じ構図ですから。

関口　結局、不平士族たちの不満の

西郷従道

台湾出兵を描いた錦絵

はけ口ですか。三〇〇〇人も連れて行っていますからね。それで日本が圧倒的な勝利を収めたんですね。

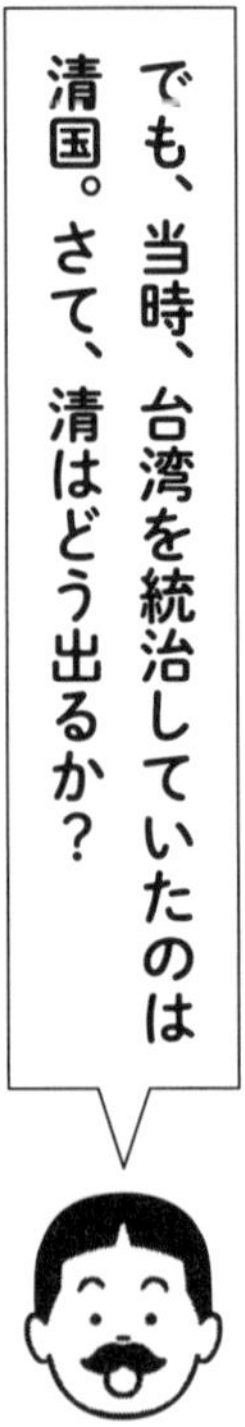
でも、当時、台湾を統治していたのは清国。さて、清はどう出るか？

関口　そこで、大久保が清に行って話し合うのですね。

保阪　台湾に兵を送って現地を抑えた後、北京に乗り込んで外交交渉をするわけです。かつてイギリスやアメリカが日本に軍艦で乗り込んで開国を迫ったのと同じような構図で、今度は日本が清に乗り込むわけです。

関口　それだけ、日本の力も強くなっていた？

保阪　というか、強く見えるようにしていたんですね。大久保はそういう計算をしていたのでしょう。

関口　ある意味、演出だったわけですね。それで清が賠償金を払うことになったと。払ったのは五〇万両。いまでいうと、約一五〇億円！　大金ですね。

保阪　それに加えて、清が日本の軍事行動を認めたことで、琉球の日本への帰属が国際的に承認された形になりました。それまで琉球は、日本とも清とも付き合っていて、いわば二重国籍の形になっていたのです。

関口　もしかしたら、日本は台湾に攻め込むことによって、「琉球は日本のものであると認めさせる」という狙いもあったかもしれませんね。

保阪　それもあったでしょうね。日本は琉球人を守ることによって、琉球を中国から切り離して完全に日本の領土にし、国際的にもその帰属を確認させることができたのです。

関口　大久保が最初からそこまで考えてやっていたとしたら、大変な策略家ですね。国内の征韓論者の不満を逸らしながら、琉球は日本のものだと国際的に認めさせたのですから。

保阪　ええ、その意味では、大久保の政治家としての能力はすごいと思います。彼は征韓論のときの教訓を投影したんです。言葉だけでなく、断固として実行することで、自分の権力を見せつけた。実際、これ以降は完全に大久保の時代です。

関口　本当の権力者とは、こういうものだと。

保阪　実は、この台湾出兵は大きな賭けだったんです。もし清が台湾に兵隊を送ってきたら、本格的な戦争になってしまいます。あるいは、交渉で日本の要求がはねつけられたら面子《メンツ》は丸潰れになる。一つひとつ危ない橋を渡りながら、大久保は勝った。だからこそ彼は、明治初期の指導者として名を残しているんです。

関口　でも、これで日清間が収まったかのようにみえて、ゆくゆくは清と日本の戦争になりますよね。

保阪　そう、この二〇年後に日清戦争が始まります。

豆知識　当時、琉球王国は琉球王・尚泰が統治し、日本と清国の両方に属していた。新政府は明治5年琉球藩を設置。天皇は尚泰に御下賜金を送り、旧薩摩藩への負債も明治政府が肩代わりし琉球が日本の領土であることを内外に示した。

13

明治八年
1875

安政五年のリベンジ　朝鮮に圧力をかける日本

江華島事件《こうかとう》……一八七五年、日本が朝鮮に軍を派遣、軍事衝突が起こる。翌年、日朝修好条規を締結。

関口　いよいよ、東アジアがきな臭くなってきましたね。明治八年九月、明治政府は軍艦を朝鮮に送り、日本と朝鮮の間に、ついに軍事衝突が起こるのですね。

保阪　明治政府の誕生以来、日本は朝鮮に国交を求めていましたが、鎖国状態の朝鮮はそれを拒んでいました。明治六年には征韓論も出ますが、結局、両国の関係は膠着状態のまま。そこで、政府は強硬作戦に出ます。

関口　舞台になったのは、朝鮮半島の西側にある江華島ですね。

保阪　その作戦とは、朝鮮を挑発することでした。日本は軍艦「雲揚《うんよう》」で江華島付近に進みます。艦長がボートに乗って島に近づいていくと、朝鮮側は動揺して、発砲してくるんです。実は、日本側はそれを待っていました。最初に撃ってきたのは朝鮮だということで、「正当防衛」だとして反撃できますから。そして、江華島の朝鮮軍を砲撃したのです。

関口　二年前にも征韓論が出ましたね。「朝鮮との関係を何とかしなければ」という空気は政府にあったのですか？

保阪　我々も開国したのだから、朝鮮も開国しなさい、ということでしょうね。清という宗主国を持つ朝鮮は、自分たちだけでは開国でき

ないと主張して、外国との関わりを拒んでいたんです。また、欧米諸国にも朝鮮を開国させたいという思惑があったので、日本を使って朝鮮を開国させようとしたという背景もあったと思います。さらにもう一つ、日本からすると、朝鮮は日本の軍事的防衛線になりうるんです。すぐ隣の朝鮮がもし敵対する国家なら、軍事的にはかなり危険な状態になります。だから、朝鮮は自分たちのいいなりになる国、少なくとも敵ではない国にしておきたいという意図があった。

関口　でも、朝鮮からすれば、日本よりも宗主国である清のほうが大事ですよね。日本で言う「攘夷」、つまり開国を迫る外国はやっつけようという姿勢だったんですね。

保阪　そうです。そこには「中華思想」という背景もありました。古来東アジアには中国が世界の中心で、そこから外方に離れていくほど野蛮な国だという認識がありました。朝鮮は中国を宗主国として、近しくお付き合いしているけれど、日本はさらに遠く離れている。また、国を開いたばかりの新参者です。教科書には書かれていません

江華島事件

が、当時の状況を見ると、日本に対する侮蔑心もあったと思いますよ。そんな日本が「天皇」という言葉を使ったわけですから、朝鮮としては許せなかったのでしょう。

関口　「急に偉そうになって」というところですかね。

江華島を攻撃した日本軍。紛争の行方は？

関口　そこで、全権大使になった黒田清隆《くろだきよたか》が交渉に臨み、日朝修好条規を結ぶわけですね。だけど、修好条規を締結するときに、軍艦三隻と汽船三隻、兵士四〇〇人を率いて行くという。これ、威嚇《いかく》ともとれますよね？

保阪　ええ、日本が安政五年に欧米と条約を結んだときの列強と同じやり方です。軍艦で圧力をかけ、不平等条約を結ぶという。朝鮮の開国を期待する欧米もそれを支持しました。

黒田清隆

豆知識　井上馨はアメリカから「ペリー提督日本遠征記」という記録を贈られていた。対朝交渉に臨む黒田の軍艦体制はこれを研究したものともいわれる。

関口 日本は釜山《プサン》、仁川《インチョン》、元山《ウォンサン》の三港を開港させただけでなく、不平等な条約を押し付けるんですね。朝鮮側の関税自主権を認めず、朝鮮での日本の治外法権を認めると。このときの日本は、欧米列強に結ばされた不平等条約を、改正できていない時期ですよね。列強にやられたことを、日本はそっくり朝鮮にやるわけだ。

保阪 まあ、そうですよね。だけど、僕はそれを一概に批判できないとも思うんです。鎖国していた日本は、国際社会で条約を作ったことがなかったわけですから。彼らは身をもって列強から学ばされました。そうやって教わったことを、今度は朝鮮に試したんですよね。

「皇国一新見聞誌」「朝鮮の条約」（東京都立中央図書館特別文庫室蔵）

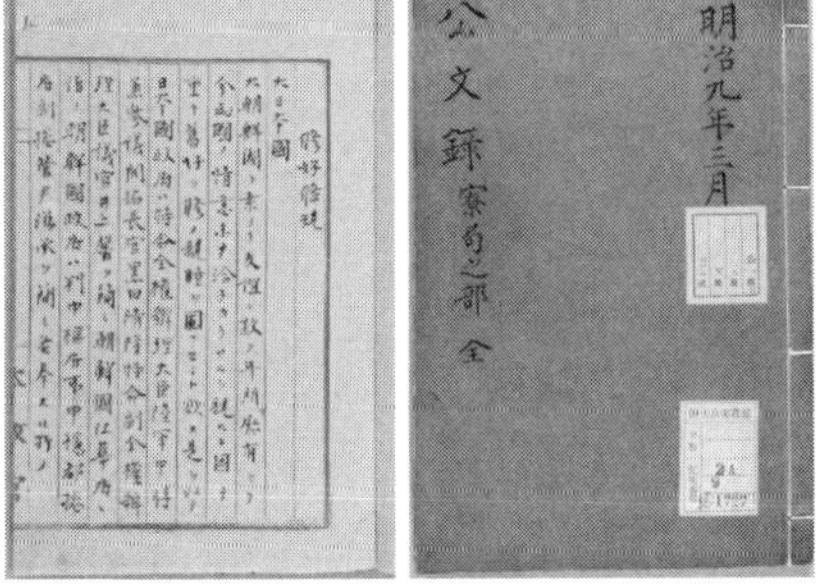

日朝修好条規

豆知識 日朝修好条規は朝鮮を独立国として扱い、清の宗主権を否定した。清の影響力を排除するためである。

14

「ボウズヲシサツセヨ」西郷隆盛暗殺計画

明治九年 1876

士族の反乱……熊本の神風連の乱、福岡の秋月の乱、山口の萩の乱と、全国各地で士族の反乱が勃発した。

関口　さて明治九年、各地で士族の反乱が起こります。

保阪　その背景には、明治九年三月の「廃刀令」があります。士族に刀の携帯を禁止したのです。廃藩置県や徴兵令で士族はすでに役割を終えていましたが、これで完全に「君たちに用はない」と引導を渡されたんです。さらに、「秩禄処分《ちつろくしょぶん》」で士族への功労金も廃止されます。

関口 それまではお金が支払われていたのですか？

保阪 華族と士族には家禄や賞与が支払われていました。でもカットされてしまいます。というのも、この秩禄は国家支出の約三割を占めていて、大きな負担になっていたからです。政府はこうした政策によって、士族から次々と権利を奪い取っていきます。

関口 刀も給料も、アイデンティティも奪われた士族の不満が爆発したんですね。当然、政府は抑えますよね。

保阪 ええ、政府は各地の乱を徹底して抑えましたが、それによっ

永島辰五郎（歌川芳虎）「士族の商法」

豆知識 秩禄処分では、華族・士族に与えられる家禄、明治維新期の功労者に付与された賞典禄を廃止した。代わって利付債「金禄公債証書」を強制的に交付し、償還は毎年行われる抽選に当たった者のみとした。

豆知識 士族の経営する菓子屋ののれんには丸に十字の薩摩（島津）の紋がある。売られている菓子も「旅費鳥せんべい」「お芋のかたまり　不平おこし」「困弊盗《こんぺいとう》」など、困窮する士族を風刺している。

て新政府軍が拡充されていきます。
さらに、海軍でなく陸軍が主であるという実証にもなったんです。

関口　この時期、薩摩の西郷さんはどうしていたんですか？　士族の気持ちがよくわかっていた人ですよね。

保阪　西郷はこの頃、鹿児島に私学校をつくって士族の子弟を教育する一方で、温泉でのんびりしていたと言います。まあ、計算尽くの見せかけだったと私は思いますけど。

関口　見せかけ？　政府に対して？

保阪　ええ、彼がどう動くかで反乱の規模が違ってきますから、政府は

熊本暴動賊魁討死之図（「大日本歴史錦繪」）

西郷隆盛

豆知識　鹿児島に戻った頃の西郷は、極限のストレスで体調を悪化させていたとも言われているが、農業や狩りをしたり温泉に逗留するなど静かな暮らしを送っていた。

西郷を監視下に置いていたのです。西郷はきっとそれをわかっていて、のんびり温泉三昧だった。

関口 西郷さんの学校は、かなり大規模だったようですね。

保阪 本校と分校あわせて一四校、生徒は約二〇〇〇人いました。文武両道を目指して銃や大砲の撃ち方などを教える士官養成学校でしたが、次第に政治集団化していきます。学校ができて三年も経つと、鹿児島では区長や県庁の職員、警察官などが私学校の出身者で占められていきます。そして、鹿児島県は政府の政策を実行しなくなるのです。地租改正も一番遅れていました。

関口 それは、政府も危険視しますよね。

保阪 西郷は独立国をつくろうとしているのではないか、と警戒するんですね。特に長州出身の木戸孝允は薩摩嫌いですから、独立国のように振る舞う薩摩が許せなかった。政府に抑止力がないということになりますしね。

関口 この流れが西南戦争につながっていくのですね。

豆知識 その頃の西郷の心境を表す言葉として、「脱出す人間虎豹《じんかんこひょう》の群《むれ》」（明治6年頃に詠んだとされる漢詩「除夜」より）が残されている。

豆知識 西郷が書いた「綱領《こうりょう》」
一．道同《おなじう》し、義相協《かな》ふを以《もっ》て暗に集合《しゅうごう》せり。故に此理を益《ますます》研究《けんきゅう》して道義に於《おい》ては一身を不顧《かえりみず》、必ず踏《ふ》み可行《おこなうべき》事。
一．王を尊び民を憐《あわれむ》は学問の本旨、然《しか》らば此天理を極め、人民の義務にのぞみては一向《ひたすら》難にあたり、一同の義を可立《たつるべき》事。

西郷の「ちょっしもたー」、その本音とは？

保阪　そんななか、木戸は鹿児島にある火薬庫を大阪に移そうとします。イギリスなどと紛争状態にあったため、もともと薩摩には火薬庫や銃器製作所があったのですが、それを鹿児島に置いておくのは危険だと判断した。それに怒った私学校の生徒二〇名が火薬庫を襲撃したのです。

関口　事件を聞いた西郷さんが叫んだ有名な言葉がありますね。「ちょっしもたー」って。どんな意味ですか？

保阪　『起つべき機会はまだ先であるはずなのに」という意味だったとか、いろいろ解釈されています。私は、学校の生徒が襲ったことで政府に反乱軍と見られてしまいますから、暴発を止められなかったということに対する後悔ではないかと思います。当時の西郷は事を荒立

木戸孝允

豆知識　薩摩藩では、近代的な軍事技術開発が進められていたが、廃藩置県後、鹿児島の造船所は海軍省の所轄となり、火器硝薬製造工場も陸軍省の管轄となった。士族の反乱続発を受け、明治10年に火薬庫も大阪に移されることになった。

てたくないと考えていたと思います。でも、これでいよいよ政府の敵になってしまう。それを覚悟した言葉かと。

関口 そして今度は、なんと「西郷暗殺計画」が発覚するんですか？ 政府が西郷さんを狙った？

保阪 それに関しては諸説あります。まず、大久保利通が二十数名の元薩摩藩士を鹿児島に帰郷させたのです。でも、実は彼らは西郷たちの動きを探る密偵でした。そんな彼らを不審に思う私学校の生徒たちが捕らえて拷問《ごうもん》すると、「ボウズヲシサツセヨ」という電報が出てきます。

関口 え、シサツ？ ということは「刺殺」？

保阪 拷問でも、密偵が「西郷を暗殺せよという命令を受けた」と自白したと言われていますが、十分な根拠のある説ではないんです。電報では「アンサツ」ではなくて「シサツ」を使っている。それはどういう意味か。

関口 「視察」の可能性もありますね。監視せよ、と。

豆知識 明治10年1月、政府の露骨な挑発に激高した若手急進派の私学校生徒二十余名が草牟田《そうむた》の火薬庫を襲撃、小銃弾6万発を奪った。

保阪　そうです。もしかしたら、西郷の決起に与する人たちは西南戦争に義があったと証明するために「政府が西郷を暗殺しようとしていた」というストーリーにしたかったのかもしれない。

関口　挙兵の大義名分を作るため、電報自体が私学校の生徒による捏造という可能性もある？

保阪　これは本当にわからないんです。ここはどちらかと決め付けずに、二つの説を並べて考えたほうがいいでしょうね。決めてかかると間違ってしまうかもしれない。

関口　ただ、政府が危険視していたのは間違いない。

保阪　そして密偵を送り込んだのも間違いないですね。

関口　暗殺計画の存在を信じた生徒たちは、ついに政府との対立に踏み出すんですね。

豆知識　「ボウズヲシサツセヨ」という電報の出所については、密偵・中原尚雄《なおお》が熊本鎮台から受け取ったとする説や、挙兵の名分作りのために私学校が捏造したとする説もある。

15

明治一〇年 1877

西郷VS新政府　西南戦争を演出した欧州の武器商人

西南戦争……一八七七年、鹿児島県や熊本県を舞台に起こった士族による反乱。

関口　明治一〇年二月一四日、ついに西郷が立ちます。このとき、西郷軍が動いたという知らせを聞いた大久保が、「己が西郷に逢いに行く」と言ったそうですね。「西郷の心を知る者は自分以外にいない。

西郷に会って説得すれば、西郷の動きを抑えられるだろう」と。

保阪　それを伊藤博文が、殺されるからといって止めたと言われていますね。ただ、このときにも諸説あって、実は大久保は西郷の決起を喜んでいたという説もあるのです。不平士族の乱が続いているから、この西南戦争をもって最後にしよう。そのために、これで徹底的に根絶やしにしてしまおうと。大久保が伊藤に宛てた手紙では「誠に朝廷不幸の幸と窃《ひそか》に心中には笑を生じ……」、つまり西南戦争は不幸中の幸いで、ひそかに心中では笑っている、と書いていています（『大久保利通文書』）。

関口　戦争で犠牲者が出ても、これは通過点だからしょうがないと？

保阪　大久保利通という政治家は冷徹な思考ができる人でしたから、私は、この話は結構正しいのではないかと思っているんですけどね。

関口　そして、西郷軍が鹿児島を出ます。その五日後の二月一九日、

大久保利通

西郷軍鹿児島を出発（鹿児嶋征討出陣図）

明治政府は西郷軍の掃討を発令。このときに、西郷軍は公式に朝廷や明治政府の敵「賊軍」になったのですね。ついに二月二二日、熊本城で西南戦争が勃発します。

保阪 西郷軍の兵士は一万三〇〇〇人もいたのに、新政府軍の兵士はたったの三〇〇〇人でした。新政府軍は熊本城に籠城して、自分たちの四倍以上の敵と戦い、最後には勝つんです。

関口 その勝利のカギは、何だったんですか？

保阪 兵器です。西郷軍の一万二〇〇〇挺の銃に対し、新政府軍は四万五〇〇〇挺、しかも最新型のスナイドル銃を持っていた。西郷軍の使ったエンピール銃より簡単に弾を装塡できます。また、新政府軍は最新の電信を使って、各地に戦況を伝え、素早く援軍を手配していました。

関口 新政府軍は、弾薬もたくさん使っていたようですね。一七〇〇万発も輸入していたとか。

保阪 外国の武器商人から大量に買い込んだのです。西南戦争の際、

豆知識 大久保の鹿児島行きに伊藤博文が反対したのは、西郷と刺し違えて死ぬのではないかと危惧したためと言われる。大久保が没すれば、伊藤が内務卿の重責を担うことになるのは確実だった。

豆知識 新政府軍の3000人の兵のうち、約8割が徴兵された平民だった。士族中心の薩摩軍は、新政府軍を〝素人兵士〟と侮っていた。

豆知識 薩摩軍が使ったエンピール銃は弾薬が先込め式のため発射速度が遅いうえ、雨が降ると火薬が湿って不発になるという欠陥があった。

政府は「勝つためには、いくらでも武器を買う」と言ったそうです。実際、国家予算が五〇〇〇万円のときに、四〇〇〇万円を西南戦争に使っています。

関口 ははぁ、戦争の裏で外国の武器商人が暗躍していたんだ！

保阪 そうです。僕たちは歴史を見るとき、その表側をなぞるだけではなく、こうした裏側も知っておく必要があると思いますね。政府の裏側には西欧の武器商人がいたということ、そして、そういう人々が紛争を起こさせ、武器を使わせるのだということを。「明治維新は、武器商人が演出する戦いだった」とまで書く人もいて、僕はそれをすべて信じているわけではありませんが、それも一概には否定できないと思いますね。

関口 こんな状況で、西郷さんはどこかの段階で「もうやめろ」と言えなかったかな。

保阪 結局、そこですよね。そこが、私たち近代史研究者の課題だと思います。昭和の戦争も、どうしてあそこまで戦ったのかと。もうこ

豆知識 西南戦争は、日本においてはじめて有線通信が軍事的に採用された戦いとなった。新政府はイギリス製のモールス電信機を導入、全国に張りめぐらせた電信網によって熊本・東京間を1時間で結び、援軍を手配していた。

こらでやめるべきではないかということが昭和一七〜一八年頃にあったはずです。でも、やめられなかった。その背景にあるのは「勝つまでやる」という精神性です。負けるということは自分たちの全否定につながるから、命を懸けて戦う。でも本来、戦争というのは政治の延長ですよね。戦に負けることは全否定ではないし、別の形で政治的な失態を取り返すこともできるはずです。それなのに、戦を戦だけで考えると、勝つまでやることになってしまうんですね。

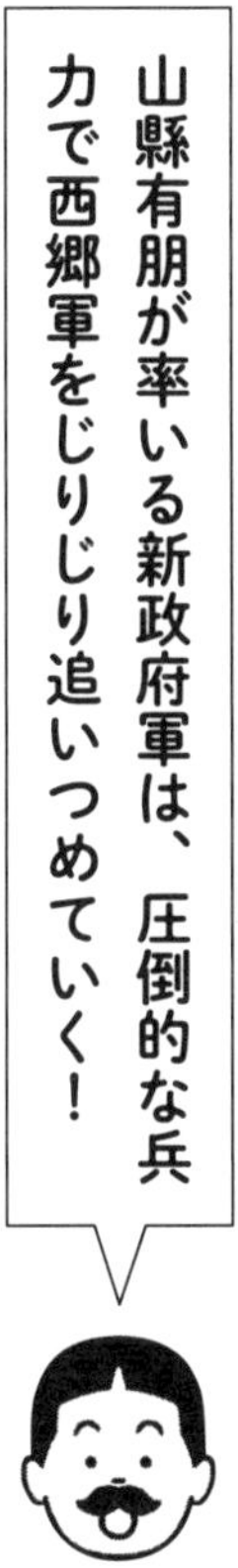
山縣有朋が率いる新政府軍は、圧倒的な兵力で西郷軍をじりじり追いつめていく！

関口　さて、西南戦争で一番の激戦地は、田原坂《たばるざか》の戦いでした。一七日間の戦闘で、犠牲者は両軍あわせて三五〇〇人。新政府軍は多い日には日露戦争を上回る六〇万発もの弾薬を使いました。激戦ですね。

保阪　ええ、その結果、開戦から半年後の明治一〇年八月一六日、西

田原坂の戦い

郷が軍の解散を宣言します。「降らんと欲するものは降り、死せんと欲するものは死し、士の卒となり、卒の士となる」。つまり、戦いたいと思うなら戦いなさい。降参したいなら降参しなさい、死にたいと思うなら死んでもいい。君たちの意志に任せるということです。これは指揮官としては筋が通っていると思いますね。昭和の指揮官にはこんな人はいませんでした。

関口　太平洋戦争では一億玉砕でしたから。

保阪　兵士に手榴弾を一つずつ渡して死ねと要求しました。でも西郷は、お前たち一人ひとりの意志に任せると言った。昭和の軍人はこの言葉に学ぶべきだったと思います。

関口　そして、いよいよ最期のときを迎えます。西郷軍の三五〇人は、四万人に増えた新政府軍に囲まれ、城山洞窟に五日間立てこもりますが、西郷はついに倒れ、切腹します。四九歳の生涯でした。

保阪　新政府軍の山縣有朋は、戦場に落ちた西郷の首を拾い、涙を流して洗ったと言われています。山縣も、西郷とは親しかったですから

豆知識　田原坂の戦いでは、西郷は前線に立っていなかったが、新政府軍は、薩摩軍の強固な防戦に目を見張り、西郷自らが指揮をしていると信じた。

豆知識　田原坂の戦いで劣勢を強いられた新政府軍は、士族出身の警官数百名を集めた「抜刀隊」の活躍で息を吹き返した。抜刀隊の中核は東京に残っていた薩摩出身の士族で、戊辰戦争で敗北した東北諸藩の兵隊たちも加わった。

ね。山縣は、戦争中に西郷に書簡を送っているんです。「私は、この戦があなたの本心だとは思っていません。あなたの志はよく知っています。しかし、こういう形になるのは、お互いに残念だ」と。

関口　犠牲者は西郷軍が五〇〇〇人、新政府軍は六八〇〇人。戊辰戦争より多かったんですね。

保阪　大久保たちが、この戦いを抑えるためならどれだけ金を使ってもいいと言って、大量に武器を買った理由がよくわかります。もしもこれで西郷軍が勝っていたら、近代日本は大きく変わっていたでしょうから。

関口　そして、西郷さんの死を、当時の庶民はどう受け止めたのか。この年、火星が地球に大接近していたそうです。赤く大きく見える火星を、庶民は「西郷星」だと言った。それほど西郷さんが庶民から慕われていたということでしょう。

西郷星

16

明治一一年

1878

冷徹・冷酷の政治家 大久保利通の最期

大久保利通襲撃事件……一八七八年、内務卿の大久保利通が東京・赤坂見附で暗殺される。

専制政治で日本をグイグイ引っ張っていた大久保利通、暗殺される！
犯人はいったい、何者？

関口　明治一〇年の西南戦争は、西郷隆盛の死で終わりを迎えます。「維新三傑」と呼ばれた大久保利通、西郷隆盛、木戸孝允。木戸は西南戦争中に病死していますから、ここで一人残った大久保が政治の実権を握ります。

保阪 大久保は国内行政を司る内務省のトップでしたが、内務省は当時、最大権力を持つ役所でしたからね。

関口 西南戦争後に国内が落ち着いたところで、大久保がまず取り組んだのが地方改革でした。府県議会を設置。これは、地方に自治を任せるということですね。

保阪 そうです。そして地方税を制定します。つまり地方で税金を取って、地方のことは地方で賄いなさいと。

関口 中央が全部、面倒をみていられないということですか。西南戦争で派手にお金を使っちゃいましたから。

保阪 よく言えば、地方自治を認めるということですが。西南戦争のあとで、民政に回す金がない。

関口 精力的に国内整備に邁進《まいしん》していた大久保ですが、その矢先、事件が起こります。明治一一年五月一四日、大久保が明治天皇に謁見するため、麴町区の自宅から赤坂仮御所に向かう途中で、六人の男に襲

内務省庁舎

撃されたんですね。襲撃したのは、旧加賀藩出身の不平士族たちでした。どうして加賀藩士が出てきたのでしょう?

保阪　加賀藩は江戸時代、石高一〇〇万石を超える日本一の藩でした。その分、不満分子も多かったはずです。

関口　これまでに、廃刀令や秩禄処分などで士族の権利がどんどん奪われていますから、その不満ですかね?

保阪　これでは満足に暮らせないということでしょう。それに、加賀藩ほど大きな藩の藩士にはプライドもあったはずです。生活だけでなく、藩士の誇りも奪われたのですから、怒りは他藩より深かっ

豆知識　暗殺当日、大久保は訪ねてきた福島県令に、「明治10年までは創業の時期(第一期)、11～20年は内治整理・殖産興業の時期(第二期)、21～30年は後継者による守成の時期(第三期)」とし、第二期までは全力を尽くしたいと話していた。

大久保を襲撃した6人の士族
「嶋田一郎梅雨日記5編」(上)挿絵

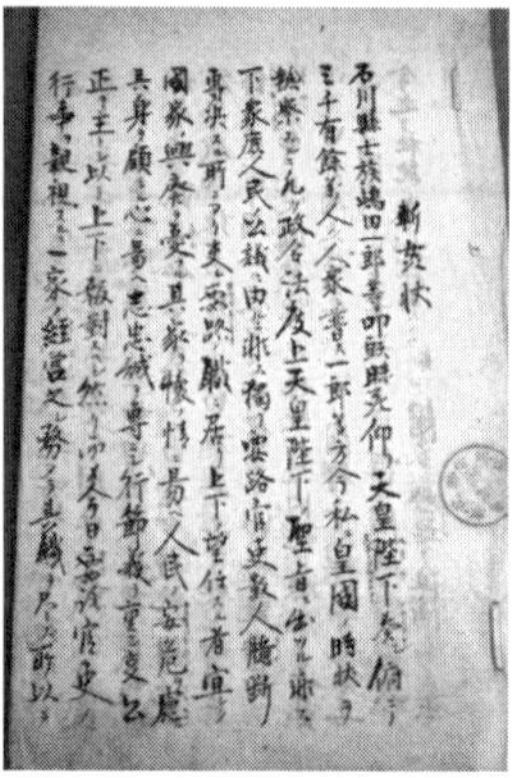

斬奸状

斬奸状

たかもしれません。襲撃犯の中には、西郷の学校に通っていた者もいました。

関口 襲撃犯が持っていた斬奸状《ざんかんじょう》によれば、「国会を開設せず、民権を抑圧している」「国を思う志士を排斥し、内乱を起こした」、これは西南戦争のことですね。そして「外国と条約改正をせず、国威を貶《おとし》めている」とあった。

保阪 「国会を開設せず、民権を抑圧している」という部分を見ると、不平士族の中に自由民権運動の流れが入ってきているのがわかりますね。この頃には、すでに板垣退助などが自由民権運動を始めていますから。

関口 なるほど。大久保の死後、葬儀は東京で盛大に行われて、一二〇〇人も参列したそうです。しかし、故郷の鹿児島では納骨を拒否されたと。やはり、西郷さんを殺した敵だからですか？

保阪 ええ、薩摩の人の憎しみは大きかったんですね。

豆知識 警察は大久保の暗殺計画があることを察知していたが、「石川県人に何ができるか」と侮り、対応を怠っていた。襲撃した6人は裁判で死刑となり、即日執行された。

豆知識 大久保の葬儀には1200人が参列し、4500円の費用がかけられた。

さて、明治維新の中心にいた木戸、西郷、大久保の三傑。保阪さんはどう評価する？

関口　維新で活躍した三人ですが、どのような役割を果たしたのでしょうか？　まず木戸孝允（明治一〇年五月没）は、四三歳で亡くなっていますが。

保阪　「五箇条の御誓文」の起草や、廃藩置県の実行など、物事を非常に冷静に見て実行していた人だと思いますね。国家を建設するには長い時間が必要で、その中で自分が果たす役割は小さなものに過ぎないといった冷めた認識も持っていた。その一方、各局面での判断には少し柔軟性がなかったかなという気もしますね。

関口　冷静だが、柔軟性が足りなかったと。さて、西郷さんは、その四ヵ月後に四九歳で亡くなりますが。

保阪　彼は面白い人物ですね。その文章や行動を見ていると、私たち

豆知識　木戸孝允は明治10年5月26日、脳溢血の後遺症と末期の胃ガンにより43歳で病没した。木戸は晩年、専制政治を行う大久保から距離を置き、政治の中枢から離れていた。死に際、「西郷、もう大抵にせんか！」と、言ったという。

の日常は、目に見えない大きなものに囲まれているという考え方を持っているように思うのです。

関口 大自然の中で生かされているという感覚ですか？

保阪 ええ、理念的な深さのようなものを感じますね。この人は、もっと吟味する必要があると思いますよ。

関口 最後の大久保利通は、その八ヵ月後に四七歳で亡くなりますが。

保阪 大久保は理性派であり、冷徹な人でもありました。ある意味で、本物の政治家だったと思いますね。

関口 だから、大きなことをやり遂げた反面、深く恨まれることもあり、庶民からの人気もありませんでしたね。

保阪 ええ。でも古いものを倒して新しいものをつくるときは冷酷にならなければいけませんよね。その冷酷さを貫ける人、精神的に耐えうる人と言えば、やはり大久保でした。彼がいたからこそ明治維新は成し遂げられ、歴史上のターニングポイントになったと思います。

豆知識 維新三傑は約1年のうちに相次いでこの世を去った。
木戸孝允　明治10年5月26日没　享年43
西郷隆盛　明治10年9月24日没　享年49
大久保利通　明治11年5月14日没　享年47

17

天皇を守る軍・近衛兵の反乱と山縣有朋の長州閥

明治一一年
1878

参謀本部条例……一八七八年八月の竹橋事件を受け一二月に制定。国務から参謀本部を独立させる。

関口　さて、明治一〇年から一一年にかけて、木戸孝允、西郷隆盛、大久保利通が亡くなり、主要メンバーが次々といなくなりました。この頃には、もう江藤新平もいませんね。

保阪 明治七年に起こした佐賀の乱で亡くなっています。板垣退助も、副島種臣も、征韓論を反故《ほご》にされたときに官職を辞めていますね。

関口 どんどんいなくなっちゃうんだ。伊藤博文、山縣有朋、岩倉具視はまだ政府にいますね。

保阪 この他に政府の中心にいたのは、北海道開拓使長官だった黒田清隆、それに井上馨《いのうえかおる》、大隈重信などです。

関口 伊藤、井上、山縣が長州、黒田が薩摩だから、やはり薩長出身ばかり。大隈は肥前で、岩倉が公家。

保阪 ええ、そしてこの中で力を持つのは、長州出身の伊藤と山縣です。幕末から明治にかけては政権内部の移り変わりが激しいのですが、やはりこれは権力闘争なんです。主導権をめぐる闘いで残るのが、伊藤と山縣の二人でした。

関口 二人は大久保や西郷よりずっと下の世代ですね。
大政奉還から始まった明治維新でしたが、ここで一つの時代が終わり、世代が新しくなっていく？

豆知識 明治11年当時の満年齢
公家出身＝岩倉具視(53)
長州出身＝井上馨(42)山縣有朋(40)
伊藤博文(37)
薩摩出身＝黒田清隆(38)
肥前出身＝大隈重信(40)

保阪　そうですね。この後は突出した個人というより、組織がメインになっていくのだと思います。たとえば陸軍。西南戦争で活躍した軍隊を指揮していたのは山縣有朋ですが、その指揮下にいた児玉源太郎《こだまげんたろう》や川上操六《かわかみそうろく》など、次代を担う軍人たちがどんどん出てきます。

西南戦争で大活躍した政府軍の兵士たち。しかしこの後、とんでもない展開に……？

関口　その西南戦争では、政府軍の兵士たちが命懸けで戦いました。ところが翌年の八月二三日、今度は彼らが反乱を起こします。どんな事件だったのでしょう？

保阪　皇居近くの竹橋に駐屯する近衛砲兵大隊の兵士、二五九名が隊長ら幹部を殺害して反乱を起こした「竹橋事件」です。天皇を守る軍隊を近衛兵と言いますが、彼らはその中でも大砲を撃つ部隊でした。

関口　天皇を守る近衛兵というのはエリートですよね？　そんな彼ら

竹橋事件

が、なぜ反乱を起こしたのでしょう?

保阪 西南戦争では大砲を撃ち込む砲兵の功績がとても大きかったんです。だから戦後、彼らは給与が上がるか、恩賞が出ると思っていた。でも、それがなかった。

関口 その強い不満を天皇へ直訴しようとした?

保阪 そうです。彼らは直属の上司である指揮官も殺害していますから、怒りは相当、深かったのでしょうね。戦争で命を懸けた兵士の手柄を認めてきちんと報酬を出さなかったことが、事件を引き起こしたと思います。

関口 でも、この反乱はすぐに鎮められたんですよね。

保阪 そしてお前たちは天皇に忠誠を誓う軍隊であり、反乱を起こすなどとんでもない、という「軍人訓誡」が山縣有朋などによって出され、軍の引き締めが行われます。軍人訓誡は後に「軍人勅諭」になりました。

関口 このときの軍部の精神が、形を変えながらも昭和の戦争の終結

豆知識 明治11年8月23日、竹橋在営の近衛砲兵大隊259人が決起し、隊長・士官を殺害。西南戦争後の待遇の不満などを明治天皇に直訴しようとしたが鎮圧され、軍事裁判で53人が死刑となった(竹橋事件)。薩摩以外の出身者は褒賞が後回しにされたことが原因だった。この事件を機に「軍人訓戒」(のちの「軍人勅諭」)が発布された。

までずっと続いていくわけですね。

兵士の引き締めをはかったのは、陸軍トップの山縣有朋ですね。山縣は、明治一一年一二月五日に「参謀本部条例」を制定します。これによって、天皇の直轄組織である参謀本部ができるわけですね。

保阪 陸軍省から参謀本部を独立させて、政治や行政が軍部に口出しできない仕組みをつくったのです。

それまでは陸軍省が「軍政」を管理していました。軍政とは、軍の人事行政や予算の管理です。一方、軍事作戦に関する命令は「軍令」と言いますが、これも陸軍省が出していた。しかしそうなると、陸軍省の予算や人事の都合などによって軍令も変わってきますから、現場としてはやりにくいわけです。それで軍政と軍令を引き離してほしいという要望が出てきます。むしろ戦争をするためには軍令が切り離されていなければならないというのが軍人の考えでした。それが参謀本部の独立という構想につながるのです。その主な提唱者が山縣でした。

関口 そして、参謀本部ができたことで、その後の「統帥権《とうすいけん》」問題に

山縣有朋

つながっていくんですね。統帥権というのは軍隊の指揮権ですが、統帥権を持つのは陸軍大臣なのか、参謀総長なのかといった責任問題になっていく。

保阪 そうですね。統帥権はこの時代から始まって、太平洋戦争終結の昭和二〇年八月まで続きます。

関口 山縣は長州出身ですね。だから、陸軍は長州閥になったのですか？

保阪 そうです。山縣は、長州出身の軍人を重用したそうです。陸軍大学校の試験に「長州出身」と書くと、点数が増えた、という話も残っています。

豆知識 西南戦争で軍の指揮系統に不満を持った山縣は、明治11年12月5日、参謀本部条例を発布した。陸軍省内の参謀局を廃止して参謀本部として独立させ、参謀本部長が軍の指揮命令権（統帥権）を持つこととした。山縣は初代参謀本部長に就いた。

18

明治天皇が命名した靖国神社と国歌・君が代誕生秘話

明治一二年
1879

靖国神社……戊辰戦争の戦没者を祀るために一八六九年、東京招魂社《とうけいしょうこんしゃ》が設立される。七九年、「靖国神社」と改称。

西南戦争や士族の反乱を抑えるために活躍したのが、徴兵令で徴集された兵士たち。国に命を捧げた彼らの霊を鎮めるためにつくられた神社と言えば？

関口　靖国神社って、この時代からあるんですね。

保阪　もともとは戊辰戦争の戦没者を慰霊するために、明治二年に東京招魂社という神社がつくられたんです。ここは軍人を祭神として祀るための神社で、軍が管轄していましたから、他の神社とは系統が違います。西南戦争が起きた後、明治一二年に戦死した多数の兵士を祀る際に、「靖国神社」と改称されたんですね。ただ、その後も内務省が人事を管理し、後には陸軍省が運営の主導権を持つなど、やはり他の神社とは違ったのですが。

関口 「靖国」は、明治天皇が命名されたんですね。

保阪 そうです。「国を靖んずる」というのは、祖国を平安にするとか、平和な国家を建設するという意味です。国を守るために命を捧げた人たち、天皇のために亡くなった兵士たちを祀る神社ということです。

関口 戊辰戦争から始まって、台湾出兵や西南戦争、後の日清・日露戦争、そして二つの世界大戦など、国を守る戦いで亡くなった人を祀る神社なんですね。でも、西郷さんは入っていません。

保阪 ええ、靖国神社に祀られているのは、西南戦争では政府軍側だけでした。「国家のために特別な功労があった人物を祀る神社」です

豆知識 靖国神社は、明治天皇が命名し、「祖国を平安にする」「平和な国家を建設する」という意味が込められている。国家のために特別な功労があった人物を祀る「別格官幣社」に列格された。

から、政府軍に反乱を起こした薩摩軍は入っていない。明治維新の立て役者でも、西郷さんの他に江藤新平など、その後に反乱を起こした者は祀られていないのです。

関口　西郷さんは逆賊になってしまいましたからね。

「き〜み〜が〜よ〜は〜」で知られる、あの歌。実は国歌と決められたのは、つい最近だった!?

関口　西南戦争は終わったものの、まだ国内が騒然としているこの時期に、明治天皇が巡幸されていますね。明治一三年六月一六日から一ヵ月以上をかけて、山梨・長野など、中央道を巡幸されました。

保阪　実は明治天皇は、明治五年から一八年にかけて、六回にわたって巡幸を行い、北海道から九州までほぼ全国を回っています。

そこには、明治政府のある思惑があったんです。国内が安定してい

豆知識　明治天皇六大巡幸
①明治5年5月23日〜7月12日（近畿・中国・九州）
②明治9年6月2日〜7月21日（東北）
③明治11年8月30日〜11月9日（北陸・東海道）
④明治13年6月16日〜7月23日（中央道）
⑤明治14年7月30日〜10月11日（東北・北海道）
⑥明治18年7月26日〜8月12日（山陽道）

ないこの時期に、国の最高権威である天皇像を国家支配のシンボルとして民衆に浸透させることで、国をまとめようとしたんですね。

当時、各地で盛り上がっていた自由民権運動を鎮めるという狙いもありました。

関口 国の求心力をつくろうとしたんですね。ただ、明治一三年だと、明治天皇はまだ二七〜二八歳ですよね?

保阪 ええ、日本の全体像を描くことは難しかったかもしれませんが、いろいろな地域を見て歩き、さまざまな人の話を聞くことで、日本人の生活や暮らしといったものを理解されたかもしれないと思いますね。

関口 なるほど。さて、この年の一一月三日の天長節（天皇誕生日＝旧暦では九月二二日だが新暦採用で一一月に）の式典で、はじめて「君が代」が演奏されました。実は、その一一年前、いまとは違うバージョンの「君が代」もつくられていたそうですね。

保阪 「君が代」が歴史の表舞台に現れたのは、明治三年。イギリス

豆知識 「君が代」は明治13年11月3日の天長節で演奏された。明治21年に諸外国に「大日本礼式」として伝えられているが、法律で国歌と定められたのは平成11年＝1999年である。

の皇太子が来日したとき、歓迎のために国の歌を歌おうということで、薩摩軍の軍事顧問を務めていたイギリスのフェントンが作曲したのです。そして当時、軍の指導者でもあった大山巌が『古今和歌集』から詩を選んだと言われていますが、その詳細は不明です。でも、この「君が代」は定着しなかったんです。

関口　フェントン作曲版の「君が代」、音源が残っているんですね。

保阪　聴いてみると、いまの君が代とはちょっと違いますね。

それで、明治一三年にあらためて宮内省で作曲を検討し、雅楽師の林広守の曲が採用されたとされています。でも、実は「君が代」が国歌だと法律で決められるのは、平成一一年なんですよ。

関口　つい最近までは国歌とは定められていなかったんですか？　子どもの頃から国歌だと思っていましたが。

保阪　戦争中のことを調べていると、「君が代」を歌って部隊が玉砕した話なども残っているんですけどね。

林広守

19

明治のパンデミック・コレラ大流行で死者10万人

明治一二年
1879

コレラ大流行……一八七九年、コレラが大流行し、全国で一〇万人以上の死者が出る。

一六万人以上の感染者を出した明治一二年のコレラ。暴動も起きて、全国がパニックに陥るが……。

関口　二〇二〇年、新型コロナウイルスで世界中が大騒ぎになりましたが、人間と伝染病の闘いは古くからありました。明治一二年に大流行したのは、海外から入ってきた伝染病のコレラです。当時は原因も不明、治療法も確立していませんでした。

保阪　当時、コレラは「虎列剌」と書かれましたが、人々はコレラをトラの化け物に見立てて恐れていたんです。明治時代には何度かコレラの流行がありましたが、この明治一二年が特にひどかったようです。

関口　国内で感染者一六万人以上、死者が一〇万人以上も！　確か、西南戦争の死者は約一万二〇〇〇人でしたから、約八倍の死者数を出したわけですね。

保阪　薬もありませんから、患者を隔離して消毒するしかありません。コレラ菌の発見はこの四年後です。

関口　当時は法律で、コレラ患者が発生すると、警察が強制的に家に押し入って患者を隔離したんですね。

保阪　それが反発を買い、患者移送をめぐるトラブルにもなったようです。また、ひどいデマも広がりました。医師が消毒用に石灰を川に撒くと、「毒薬を川に入れている」と勘違いした住民が医師を撲殺したり、火葬場を建設しようとすると、付近住民が「煙を吸うとコレラ

豆知識　一方で「コレラ祭り」が各地で行われるなど神頼みもあった。流行の渦中に来日したアメリカのグラント元大統領は、コレラ流行により神戸に寄港できず、京都訪問を断念したことを残念がった。

になる」と役場に押し寄せて暴動になったり……。

関口 被害が甚大な分、国民の不安も大きかったのでしょう。いまのように正確な情報もありませんしね。一方、これをきっかけに下水道の整備計画が始まり、明治一八年には日本初の下水道が東京の神田に完成します。

保阪 その一部は、いまも使われているそうですよ。

コレラの他に全国に広まったものと言えば？

関口 さて、西南戦争後に全国的に広まったものといえば、コレラだけではありません。自由民権運動です。

保阪 征韓論で下野した板垣退助が愛国公党という党をつくって、明治七年に議会開設を求める「民撰議院設立建白書」を政府に出すんです。これが自由民権運動の始まりです。ただ、ここで一度、運動が下

豆知識 自然消滅していた自由民権運動の組織・愛国社が復興し、明治13年3月、国会期成同盟に発展。国会開設請願書を太政官、元老院に提出するが却下される。

火になるのですが、西南戦争の後に一気に広まったのです。

関口 でも、自由や民権って、庶民に理解できたのかな？

保阪 当時、板垣たちが主張していたのは、まず議会をつくろうということでした。そうすれば国民に選挙権が与えられ、その代表が議員となり、法律を決められると。これが自由民権運動の第一歩です。

武力よりも議会で国民の主権を守っていこうという考えです。

関口 ただ、主権という考え方も、庶民にはすぐにはわからなかったかもしれない。江戸時代はお上の言う通りに生きていたのだから。

保阪 そう、実際、この運動の流れは独特で、最初は不平士族が中心でした。でも、運動が自然に消えていくんです。結局、皆がわからないと言って。でも西南戦争後、運動に別の層が加わって、一気に広がっていきます。それは、地租改正で税金を納めることになった農民です。また商人も自分たちにも権利があると目覚め、運動に参加するようになったのです。板垣退助などが全国を演説して回ったことで、一気に全国的に広まったんです。

自由民権運動の指導者たち。右から板垣退助、河野広中

関口 言論で庶民を説得していって、運動が大きく広がったんですね。

保阪 明治一三年、政府は「集会条例」を公布します。国の治安を乱すとみられる集会・結社を認めない。後には演説会場で警官が演説を中止させることも起きてきます。

政府は、反政府運動になることを恐れていたんです。ですから、どの会場にも必ず警官が弁士の近くにいて、弁士が「政府を許せるか？納得できる政府か？」なんてやると、「弁士、中止！」「発言、やめろ」となる。

自由民権運動を恐れた政府が法的に抑えようとしたわけですが、この弾圧は逆に言うと、政府の自信がなくなっているという表れでもあるんです。

豆知識 政府は「結社・集会の届け出制」「軍人・教員・生徒の政治活動を禁止」「会場監視の警官に、集会解散の権限を付与」などを定めた集会条例を制定し、自由民権運動を弾圧した。

20

カメハメハから七代目、ハワイ国王カラカウアが来日！

明治一四年 1881

ハワイ国王来日……一八八一年、ハワイ王国のカラカウアが来日、日本は国賓として迎える。

外国と連携してアメリカの外圧から国を守ろうとしたハワイ国王。明治天皇に提案した、ある策とは？

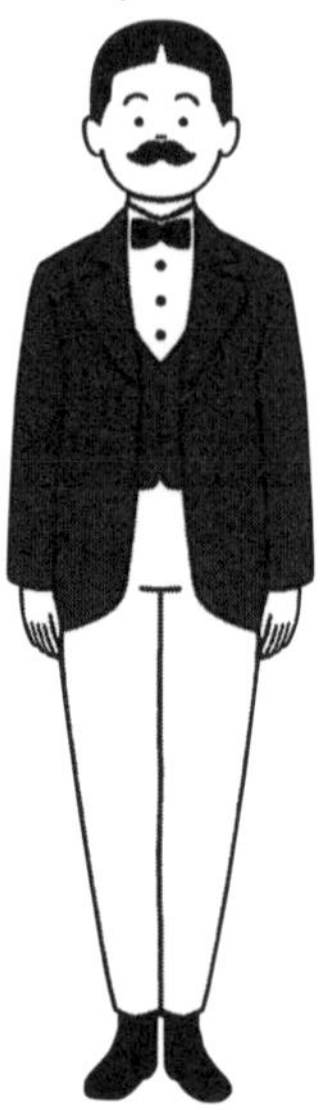

関口　さてこの頃、明治政府では大隈重信や伊藤博文、井上馨らが中心となって政治を担っていました。そんな彼らが、明治政府としてははじめて外国の国家元首を迎えます。明治一四年三月、ハワイ王国の第

七代国王、カラカウアが来日。当時のハワイは、独立国だったんですね。

保阪 銅像でお馴染みの初代国王、カメハメハ大王が一七九五年に建国した国です。アメリカなどからの入植も手伝って、王国は発展したのですが、この時期はアメリカからの外圧が強まっていました。

関口 カラカウア王は九ヵ月に及ぶ世界一周旅行の途中に日本に立ち寄って、一二日間滞在したそうです。でも、まだ国会も憲法もなく、政治体制も落ち着いていない日本に、いったい何のためにやってきたのでしょう?

保阪 二つ理由があったと思います。まず、当時のハワイ王国はアメリカから圧力を受けていましたから、併合されることに対する危機意識を持っていた。それで諸外国と連携することで、ハワイ王国の立場を強めて王国を維持したいという狙いがありました。

二つ目に、大きな改革を成し遂げて新しい国として再出発した日本に強い関心があったのではないかと思いますね。新興国・日本の持つ

カラカウア王

豆知識 カラカウア王の東京での宿泊先は浜離宮内にあった近代日本最初の迎賓施設「延遼館」だった。明治2年、海軍施設の石室を改修し、老朽化のため明治25年に解体するまで使用された。

豆知識 カラカウア王の旅の目的は諸外国との連携を通じてハワイ王国の立場を強化することと、疫病によって激減した人口を補う移民の誘致だった。

エネルギーを知りたいという。

関口　そんな日本とはうまくやっていけるかもしれないと思ったかな？　カラカウア王は浅草寺や上野公園を見学した他、歌舞伎なども観劇していますね。

保阪　当時の国賓を招待する定番は、新富座での観劇でした。新富座は東京にできたばかりの近代的な劇場でしたが、日本としては最高級の歓迎だったのでしょう。

関口　九代目市川団十郎、五代目尾上菊五郎、初代市川左団次など、オールスター総出演だったと。

保阪　そしてカラカウア王は明治天皇とも会見しているのですが、天皇にはとても親近感を持ったようです。その結果、カラカウア王は天皇にある提案をします。

ハワイのカイウラニ王女と、日本の山階宮定麿親王の縁組みです。でも当時、王女はまだ五歳、親王は一三歳でした。

関口　そんな幼い二人の縁組みの提案をしたんですね。でも、この話

「東京名所之内　第一の劇場新富座」
（東京都立中央図書館特別文庫室蔵）

豆知識　カラカウア王は新富座で歌舞伎「操り三番叟《さんばそう》」などを鑑賞した。

は実現していませんよね?

保阪 日本側がさりげなく断る、という形で終わりました。

関口 ハワイの国王は一生懸命に策を練っていましたけれども、ゆくゆくはアメリカに吸収されてしまいますね。

保阪 この一二年後に、アメリカからの移民による革命が起きて、共和国になるのです。さらにその五年後、アメリカに吸収され、王国は完全に消滅してしまいます。

21

明治一四年 1881

日本初の汚職・北海道官有物払い下げ事件

官有物払い下げ事件……一八八一年、北海道開拓使長官の黒田清隆が政商らに格安で払い下げを決定、問題視される。「明治一四年の政変」の契機となった。

関口　明治一四年、日本初の汚職事件が起こります。

保阪　それに前後して、さまざまな事件が起こるわけですが、まずは政府内で権力闘争が起こったんです。肥前出身の大隈重信派vs長州出身の伊藤博文派の闘いです。その発端になったのは、大隈が提出した「早期国会開設の意見書」でした。

関口 明治一四年三月、早期に国会を開設しようという意見書を、大隈が明治天皇に提出したんですね。

保阪 でも、同じ参議の伊藤博文や井上馨には内緒だったんです。伊藤は三ヵ月後に知って、ビックリ仰天した！

関口 なぜ、秘密にしていたんですか？

保阪 大隈には、維新三傑の亡き後に政権を動かしていくのは自分だという自負があったからだと思いますね。でも後で揉めるのは当然ですから、甘い考えでしたね。

関口 それは絶対に揉めますよね（笑）。しかも、その提案内容が、「本年中に憲法を制定」して、「明治一六年に国会を開設」、そして「イギリス流の議院内閣制」を実施しようと。でも、九ヵ月以内に憲法を制定して二年後に国会を開設するなんて、かなり急な話ですよ。

保阪 そうなんですよ。国会開設は課題ではありましたが、ここで急

豆知識 参議の大隈重信が、伊藤博文・井上馨などに相談せず単独で左大臣・有栖川宮熾仁親王に国会開設案を提出した。伊藤博文は一度は辞表を出すほど怒り、この後伊藤と大隈は決定的に対立する。

進的な大隈重信派と、ゆっくりやろうという伊藤博文派に分かれるのです。

関口　大隈派には、自由民権運動の板垣退助や、慶應義塾で教育活動をしていた福沢《ふくざわ》諭吉《ゆきち》が加わったんですね。伊藤派には、岩倉具視や井上馨が付いた。

保阪　急進派はイギリス流の議院内閣制を、漸進派は天皇の大権を確立する国家組織を目指しました。

　そこに政権闘争も絡んできます。伊藤から見れば、大隈などの肥前の人間は、維新で血を流していないじゃないか、血を流して新時代をつくったのは俺たち薩長だという自負があるから、常に大隈たちに対して疑心暗鬼の気持ちを持っているんです。このときも大隈が民権派勢力と共謀して、政権支配を狙っていると考えたのでしょう。

豆知識　福沢諭吉も、大隈重信の相談相手の一人だった。国会開設の意見書を実際に書いたのは福沢門下生たちと言われる。

官有物払い下げで湧き起こった陰謀論とは？

関口　そして、ここで汚職事件が起こるのですね。

保阪　明治政府は一〇年ほど前から北海道の開拓を行ってきたのですが、そのときに造られた官舎や製造所、牧場などの官有物が民間に払い下げられるのです。その払い下げ先を決める際、開拓使長官の黒田清隆が、同じ薩摩の政商・五代友厚《ごだいともあつ》に格安の値段で売却するという計画が露見して、大問題になりました。

関口　一四〇〇万円の国費をかけて造った官有物を、たった三八万円で払い下げを決めたそうですね。現在でいうと、七〇〇億円かけて開発した国営事業を、わずか二〇億円で民間業者に払い下げる。これは問題だ。

保阪　しかも無利子で、三〇年賦。それを東京横浜毎日新聞がすっぱ

黒田清隆

抜いた。

関口　森友学園事件というのを思い出しますが……。

保阪　そうですね。基本的に構図は変わりませんよね。

関口　ここに大隈や伊藤はどう関わってきますか？

保阪　まず黒田清隆が格安で払い下げを決め、それに大隈たちが反対します。でも伊藤たちは強引に払い下げを決定して、二派に決定的な亀裂が生じるのです。そんなとき、明治天皇が東北・北海道へ巡幸を行うのですが、それに大隈が随行します。

関口　こんな大事なときに、東京を留守にしますか！

保阪　明治天皇は薩長の人間とは親しく、助言も受け入れていたのですが、他の藩とは距離がありました。ですから、大隈としては天皇との距離を縮めたいという思いがあったのかもしれません。いや、実はそれこそが伊藤の策略だったのではないかという説もあるのですが……。とにかく、伊藤はこの二ヵ月の巡幸の間に、払い下げ事件を利用して大隈を政府から追い出そうとします。

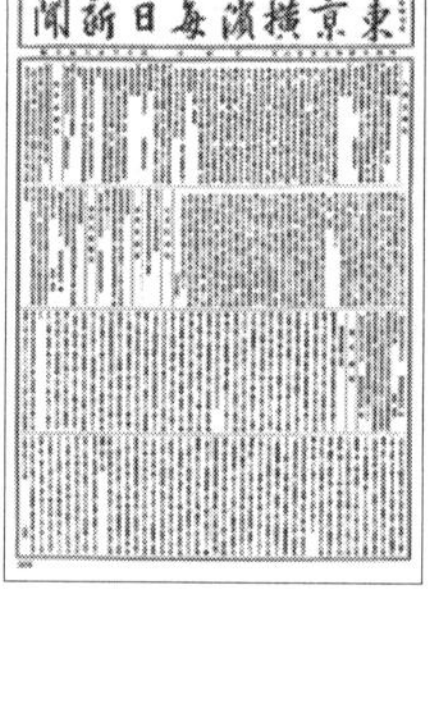
東京横濱毎日新聞

事件をスクープした新聞

関口 伊藤は、どんな手を使ったんですか?

保阪 当時、払い下げに対して世間の非難が高まっていましたが、伊藤は「そもそも大隈が新聞にリークしたのではないか」「大隈らが世論を意図的に煽っているのではないか」と「大隈陰謀説」を主張しはじめるのです。そして、岩倉たち薩長系参議とも話し合って脇を固めていき、天皇が帰京するや否や、御前会議を開いて、大隈の退任要求をつきつけました。

関口 大隈を呼ばずに、退任を決めた。

保阪 しかもその夜に大隈邸を訪ね、辞表を出させた。

関口 大隈はそれを受け入れたんですか。なぜです?

保阪 賛成票が集まり、天皇の意思も代弁されていると考えたら、受け入れる以外ないと思ったのでしょうね。

この一連の流れが「明治一四年の政変」です。伊藤はこの政変で、大隈を追放しただけでなく、払い下げの一時中止も決めて世間の政府批判を鎮めたのです。

豆知識 明治14年10月11日の御前会議で、大隈重信と大隈派の官僚を政府から追放すること、北海道開拓使官有物払い下げの中止、明治23年の国会開設を決定した。

関口　そして、薩長の権力体制を固めたんですね！

保阪　完全に薩長政府です。実質的には長州ですね。

関口　その後、明治天皇から「国会開設の勅諭」が出されました。明治二三年に国会を開設し、その組織や権限は天皇が定め、公布する、と。

もう完全に伊藤のペースですね。

保阪　これで、薩長以外の有力政治家はほぼいなくなり、薩長政権が確立したのです。

関口　陸軍も長州の山縣が押さえていますし、伊藤にすれば「信じられるのは薩長だけ」ということですか。

豆知識　大隈や福沢一門を支援していたのは、三菱の岩崎弥太郎だった。日本の海運業界をほぼ制覇する三菱に、唯一対抗していたのが北海道開拓使の所有する北海道海運だった。大隈が開拓使財産の払い下げに反対した背景には、三菱との関係もあった。

22

明治一四年
1881

自由之介、自由太郎、「自由」ブーム、到来！

政治団体の始動……一八八一年、板垣退助が自由党を結成、翌年、大隈重信も立憲改進党を結成。

関口　明治一四年の政変で、大隈重信は政府から追い出されてしまいます。でも、すっかり表舞台から消えたわけではなかったんですね。

保阪　大隈は、下野して活動しはじめるのです。国会の開設が一〇年後に決まったため、自由民権家たちが一斉に動きはじめます。
関口　まずは、板垣退助ですね。これまでも愛国公党などの政治団体を作って自由民権運動を率いてきましたが、国会開設の勅諭の直後に自由党を結成。そして、大隈重信も、翌年四月に立憲改進党を立ち上げました。
　大隈が目指したのは、憲法を制定して君主を置くという「立憲君主制」ですね。また、一定以上の財産を持つ人に選挙権を与える「制限選挙」を掲げた。
保阪　たとえば、一定以上の税金を納めているといった制約を選挙権に加えるのが制限選挙です。
関口　一方、板垣の自由党が掲げたのは、主権は人民にあるという「主権在民」。いまの憲法に近いのはこちらですか?
保阪　そうです。さらに自由党は普通選挙を掲げました。一定の年齢になったら、皆が選挙権を持つというものです。この理念の違いから、立憲改進党は主に知識人などの富裕層、自由党は貧困層から支持

豆知識　福沢諭吉とその門下生らは明治14年、演説会専用の会場「明治会堂」を木挽町(現在の銀座)に建設した。新聞に演説会の広告が載り、10銭ほどの入場料を取るところも多かった。

豆知識　明治15年当時、庶民に「民権双六」が流行した。「男女同権」を振り出しとし、上がりは「国会」。「演説解散」「討論会」「民権学校」などのコマがある。

されました。

関口　一方、庶民の間ではこんなものが流行ったそうですね。「自由ブーム」。どういうことだろう？

保阪　何でも自由と付けるのが流行ったのです。自由と書かれた徳利や盃が売れ、自由凧揚げ大会などもあった。子どもの名前にも付けられましたよ。男の子は「自由太郎」「自由之介」、女の子は「お自由」(笑)。

関口　へえ、当時の人は自由という言葉をどう捉えていたんでしょう。意味がわからないまま使っていたかな。

保阪　自由とは、英語の「リバティ」を福沢諭吉が訳した言葉だと言われています。私はこれ、適訳だと思いますが、その言葉の意味を当時、どの程度の人が理解して使っていたかはわかりません。自由とは何をやってもいいことだという過激な解釈から、人間には自由などないといった限定的な解釈まで、当時はいろいろな考えがあって、議論されていたようです。

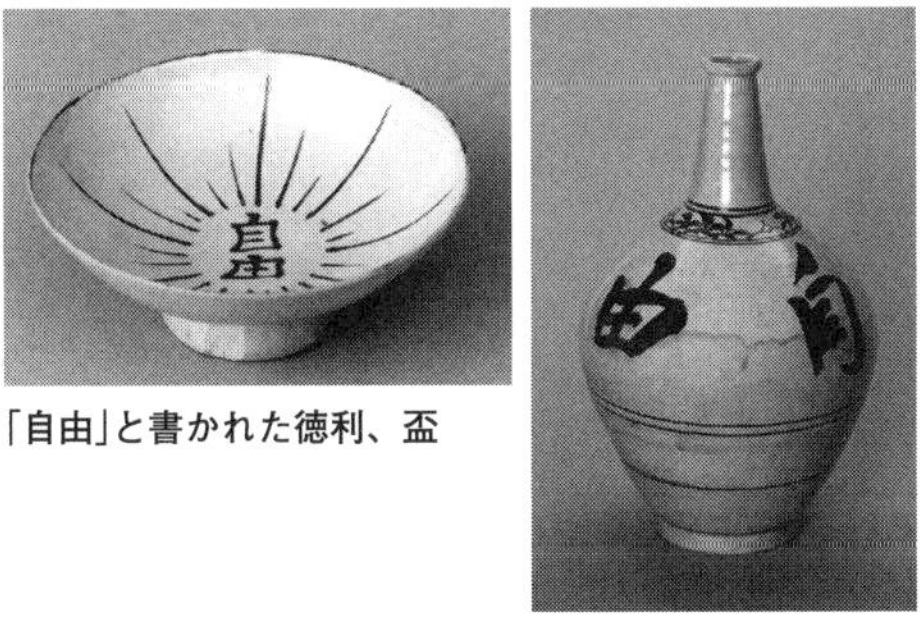

「自由」と書かれた徳利、盃

豆知識　旧士族、知識人のみならず大衆にも「自由」という言葉が誇るべき価値だという認識が広がり、「民権」が流行語となった。演説会や新聞・雑誌を舞台に新たな社会現象となった。

関口　そもそもチョンマゲのときは自由なんて概念はなかったですよね。ブームになって浸透したんですね。

そんな最中、板垣退助の演説会で大事件が！

関口　さらにこの頃、政党ができたことで演説会もブームになり、各地の会場で民権家が弁舌をふるいました。そんな中、遊説中の板垣退助が襲われます。自由民権運動に反対する小学校の教員に刃物で胸を刺されたんですね。このときに板垣が叫んだ言葉が、「板垣死すとも自由は死せず」。これは有名な言葉ですよね。

保阪　実は、板垣が本当にそう言ったかどうかは諸説あります。

ただ、板垣を監視していた政府の密偵が報告書にこう書いています。「板垣は東面して起ち、其の左面より出血する時、吾死するとも自由は死せんとの言を吐露する」（国立公文書館「板垣退助遭害一件」）。

板垣退助

関口　この報告書を見ると、板垣は実際に言ったのではないかと思いますね。でも、政府が監視していたというのが怖いな。

保阪　当時、明治政府は至るところに密偵を放って、調べていたんです。

関口　情報を集めて、要注意人物の動向を把握していたわけですね。そういえば、西南戦争のときも西郷さんの動きを密偵に探らせていたという話がありましたね。

保阪　そうです。逆にいうと、権力側は力を持つ人の動向を常に調べていないと不安だったのでしょう。板垣には常に政府の密偵が張り付き、行動も制

板垣襲撃を描いた錦絵
「板垣君遭難之図」

豆知識　板垣退助は岐阜の中教院での演説を終え、会場を出ようとしたとき暴漢に襲撃される。傷は7ヵ所に及んだが命に別状はなかった。犯人は保守主義に傾倒する小学校教員で愛知県士族の相原尚褧《しょうけい》だった。

限されていましたが、「政府批判が最高潮のいまこそ」と全国遊説を決意したのです。演説会は常に群衆で溢れていたそうです。

関口　板垣さん、命は助かるんですよね。

保阪　ええ、事件は全国に伝わり、命懸けで自由を主張する板垣の姿が話題になり、さらに運動が浸透します。

世間では自由ブームになりますが、一方、軍では、その反動が起こります。自由民権が軍に広がることを恐れた山縣有朋が明治一五年一月、「軍人勅諭」を明治天皇の名のもとに公布するのです。天皇が軍の最高統率者であることを強調して、「上官の命令は天皇の命令である」とします。

関口　昭和の終戦まで軍人の精神的支柱とされ、軍国主義を支えた、あの軍人勅諭ですね。

他にも厳しい言葉が並びます。「軍人は政治に関与すべきではない」とか、「軍人の死は羽毛より軽いと覚悟せよ」と。え、人の命は羽毛より軽い？

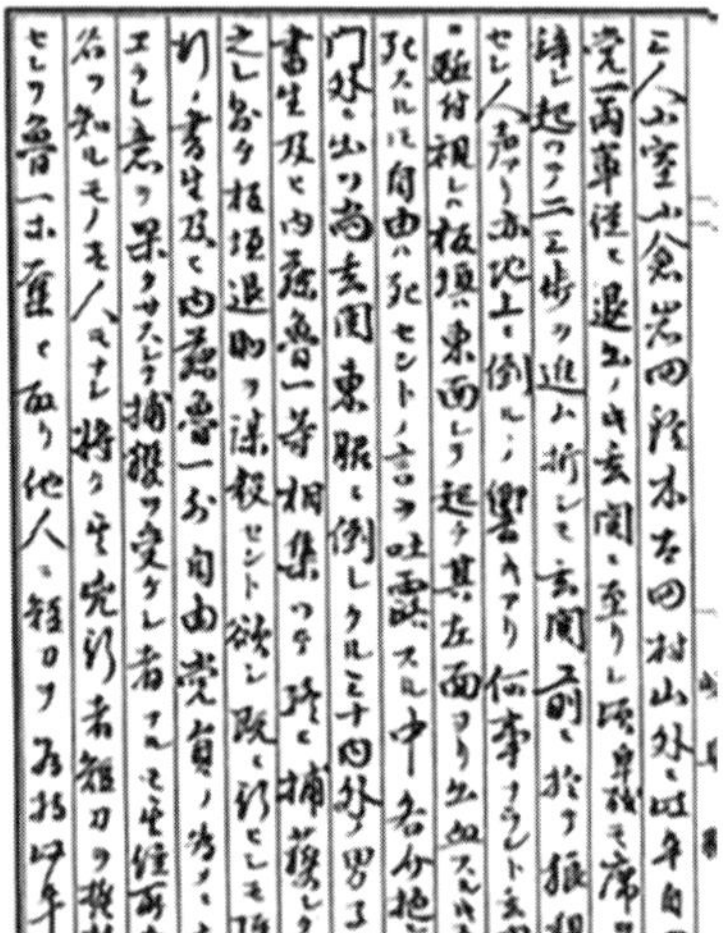

軍人勅諭

保阪　恐ろしい言葉ですよね。

関口　この軍人勅諭が軍の支柱になっていくのですね。

九死に一生を得た板垣退助。
しかしこの後、自由党が内部分裂に。
その陰にはあの人物の姿が……?

関口　さて、事件から約半年後の明治一五年一一月、自由党幹部だった板垣退助と後藤象二郎のある行動が大問題になったそうですが、二人は何をしたのでしょう?

保阪　欧州の視察旅行に出かけたのです。実は、この旅行を二人に持ちかけたのは伊藤博文だと言われています。板垣や後藤が過激な自由民権運動を主張しているのはヨーロッパを見ていないからだと言って、政府の斡旋で、三井財閥が外遊費用を出したという話があるのです。それで、板垣と後藤はヨーロッパに行く。

豆知識　軍人勅諭の正式名称は「陸海軍軍人に賜はりたる勅諭」。「忠節」「礼儀」「武勇」「信義」「質素」の5ヵ条を掲げ、天皇が軍の最高統率者であることを強調した。

豆知識　明治15年3月、「天皇を中心とした政治制度の仕組み」を基本方針とする伊藤博文は、憲法研究のため欧州視察に出発する。国王を中心とし、鉄血宰相・ビスマルクのもと発展していたドイツの政治制度の研究を主な目的としていた。

関口　行っちゃうんですか？　伊藤に乗せられちゃいましたね。外国を知らないコンプレックスがあったのかな。

保阪　板垣は海外に行ったことがなかったので、肩身が狭かったのかもしれませんね。でもやはり政府斡旋の資金で外遊したということで、二人は激しく非難されます。それが結局は自由党の内部分裂につながるんです。

また、板垣たちは外遊中にベルリンで伊藤博文と会っていたという話もあるんです。これは想像ですが、外国で伊藤から、「ヨーロッパを見てどう思う？　自由民権なんて、日本でいますぐできるとは思えないだろう？」なんてことを言われたのではないでしょうか。実際、板垣や後藤は帰国してから態度が変わります。

関口　運動の勢いが弱まるわけですね。

保阪　それで、やはり伊藤の陰謀だと言われてしまう。

関口　だとしたら、伊藤も考えましたね！　盛り上がっていた民権運動もここで曲がり角にさしかかりますね。

豆知識　自由党党員の多くが板垣と後藤の欧州視察に反対したが、板垣は政府の資金によるものとは知らなかったという説もある。

23

鹿鳴館《ろくめいかん》でモテモテだった美女・陸奥亮子《むつりょうこ》と勝海舟の批判

明治一六年
1883

鹿鳴館……一八八三年、条約改正を目指す政府が「欧化政策」の一つとして建設。

紳士淑女が集う大人の社交場、鹿鳴館。実際にはどんな場所だった？

関口　かの有名な鹿鳴館ですが、この時期に造られたのですね。明治一六年一一月二八日、総工費一八万円をかけて、いまの帝国ホテルの隣に開館します。一八万円というのは、現在の価値で言えば、なんと

三六億円！　なぜ、こんな大金をかけて造られたのでしょう？

保阪　不平等条約の改正のためです。明治五年の岩倉使節団や、明治一一年の外務卿・寺島宗則による交渉などを重ねてきましたが、条約改正には至りませんでした。そこで欧化政策が取り入れられます。日本にも欧米のような文化があり、近代的国家であるとアピールするための切り札として、外務卿の井上馨が主導して造られました。

関口　なるほど。西欧では外交と社交が深く結びついていますから、日本にもそういう社交場をつくろうとしたのですね。海外の要人を招いて、連日のように華やかな舞踏会や演奏会が行われたそうですが、そこで活躍したのが、「鹿鳴館の華」です。その美貌と語学力で、外国の要人たちに人気を博したそうですが、気になりますね。いったいどんな人たちだったのか？

保阪　代表格は陸《む》奥《つ》宗光《むねみつ》の夫人、陸奥亮子さんですね。

関口　確かに、きれいな方ですね！　陸奥宗光という人は後に外務大臣になりますよね。

井上馨

鹿鳴館

保阪　この頃の陸奥宗光はまだ中堅官僚クラスの外交官でしたが、奥さんが美人で有名だったそうです。特に外国人好みのタイプだったのか、外国人から何度もダンスを申し込まれたといいます。

この他にも伊藤博文夫人の伊藤梅子さん、井上馨夫人の井上武子さん、それから大山巌夫人の大山捨松さんなどですね。大山捨松さんは、一一歳の頃、津田梅子さんと一緒に岩倉使節団でアメリカへ渡っています。

関口　岩倉使節団には確か女性が五人いましたね。そのうちの一人が一一年後に鹿鳴館の華になったのですね。

陸奥亮子

大山捨松

豆知識　鹿鳴館はイギリス人のお雇い建築家・コンドルの設計で、広さ410坪の2階建て。建築費は当時18万円（現在の価値で約36億円）だった。場所は旧薩摩藩上屋敷跡（現・千代田区内幸町1丁目）で、現在は日比谷U－1ビル（旧大和生命ビル）となっている。

近代化を必死にアピールしていた日本人だけど、その姿は「サルにそっくり」……？

関口　まさに、鹿鳴館は西欧化の象徴だったんですね。

保阪　でも、そううまくいったわけではありません。慣れない洋装でダンスを踊り、西欧のマナーを知らない日本人を、実は外国人たちは冷ややかな目で見ていたようですよ。書面や日記などに、こうした日本人の姿を「滑稽」などと書いて嘲笑していた外国人もいます。

関口　まあ、西欧のマナーを知らないですからね。食事で汚れた指を洗うフィンガーボウルというものがありますが、その水を飲んでしまう人もいたとか。

保阪　当時の日本人は、着るものにも苦労しました。海軍士官として来日していたフランス人の小説家ピエール・ロティは、慣れない燕尾《えんび》服《ふく》を身に着けた日本の紳士たちは、「サルにそっくり」と書いています。

豆知識　「鹿鳴」という言葉は、中国の「詩経」からとられ、鹿が鳴いて仲間を呼び、野原でよもぎを食べる姿が由来で、宴会で客をもてなすときの詩歌・音楽や、宴会を意味する。

辛辣ですよね！

関口 え、サルですか！　そして鹿鳴館はわずか四年で終焉……。

保阪 連日、繰り広げられる舞踏会や演奏会に、庶民や国粋主義者から批判の声が出たのです。

関口 外国かぶれしている、ということですか。ところで、本来の目的だった条約改正はどうなりましたか？

保阪 うまくいきませんでした。そのため、「国費の無駄遣い」と批判され、井上馨は条約改正失敗の責任をとって辞任します。旧幕臣の勝海舟も、この問題を厳しく追及する文章を書いています。

外交の問題は外交の場で片を付けろというのが勝海舟の考えだったようです。こうした社交場での外交というもの自体が間違っている、裏の手を使うのは外交本来の姿ではない、といったことを書いているのです。勝はこの時代、海軍卿や元老院議官などを歴任し、明治政府に協力する側にはいましたが、厳しい人でしたから、政府にいろいろと苦言を呈していた。旧幕臣の勝からみれば、こうした方法は邪道と

豆知識 鹿鳴館では、女性の踊り手が足りず、芸者が動員されることもあった。また、洋装に不慣れでコルセットをギリギリまできつく締め息苦しさを訴える女性もいた。

感じて不快だったのではないでしょうか。

関口　でも、的を射ているでしょう、勝の言うことは。

保阪　ええ、勝の言うことや書いていることはまっとうだと思いますね。勝にとって、鹿鳴館での日本人の姿は「人として情けない」という気持ちがあったのだと思いますよ。

関口　西欧人に媚びていると思ったかな。そんなことで条約改正できるはずがないと思っていたのでしょうね。

豆知識　鹿鳴館はその後、明治23年に外務省から宮内省へ移管されたのち、華族会館に払い下げられた。昭和に入り民間の大和生命が所有したが、昭和16年に取り壊された。

24

素行不良に、色恋沙汰 華族たちの事件簿

明治一七年
1884

華族令……一八八四年七月、華族を公爵・侯爵・伯爵・子爵・男爵に分け、貴族院議員を選出した。太平洋戦争終結後、廃止される。

日本にも公爵や伯爵がいた！　彼らはいったい、どんな人たちだった？

関口　さて、いよいよ憲法制定と国会開設に向けて準備が始まります。鹿鳴館完成の三ヵ月前になりますが、明治一六年八月、伊藤博文がヨーロッパ調査旅行から帰ってきます。伊藤は、どんな憲法と国会

をつくるべきか参考にするため、ヨーロッパへ行っていたのですね。

保阪　ええ、その結果、ドイツ憲法にならって国会を二院制にすることが決まりました。貴族院（上院）と衆議院（下院）の二院です。でも問題は、そのメンバーでした。衆議院の議員を選挙で決めるとしたら、貴族院の議員はどうするのか？　貴族院議員になるには、どんな資格が必要なのか？　結局、華族の中から貴族院議員を選ぶことになりましたが、そのために、まず華族を認定する制度が必要とされたのです。

関口　そこで明治一七年七月、「華族令」が制定されるんですね。そもそも華族というのは？

保阪　明治二年の版籍奉還でつくられた特権階級です。主に江戸時代の公家や藩主ですね。さらにその後、政府に貢献して新たに華族とされた人たちもいます。およそ五〇〇家あったのですが、この華族令であらためて、公爵・侯爵・伯爵・子爵・男爵の五つの階級に分けたのです。

関口　これ、僕らは公侯伯子男《こうこうはくしだん》と言いましたね。

保阪　一番上の「公爵」になったのは、明治維新を成し遂げた大名や

明治6年の伊藤博文

公家、そして徳川本家です。たとえば公家の三条実美の三条家、薩摩の島津家、長州の毛利家などです。二番目の「侯爵」になったのは、前田家など一五万石以上の大名や、維新で活躍した大久保利通の大久保家、木戸孝允の木戸家などでした。

関口　三番目の「伯爵」は、五万石未満の大名に加えて明治政府を率いた薩長土肥のリーダークラスですか。伊藤博文や井上馨、黒田清隆、山縣有朋などですね。

保阪　後に板垣退助、大隈重信も伯爵になりましたよ。

関口　四番目の「子爵」になったのは、五万石未満の大名や、旧幕臣でありながら維新後に政府で尽力した榎本武揚などですね。

保阪　そして最後の「男爵」は、功績をあげた軍人たちや、明治維新後に公家や大名家から分家した家でした。軍人も、戦争で武勲を立てたり、指導者だったりすると男爵になれる可能性がありました。実際、軍人たちは華族になるのが夢だったそうです。

関口　そして、華族は貴族院の議員となる義務を負いました。そんな

豆知識　華族は、家継続のため政府から資金援助を受け、貴族院（上院）議員となる義務を負った。また皇族・王公族との通婚が認められ、華族の子弟は無試験で学習院に入学できた。

華族には、どんな特権があったのですか？

保阪　「華族家継続のための資金援助」「皇族・王公族との通婚」「学習院への入学」などですね。

学習院はもともと公家の子弟を教育する学校でした。近代から社会的有力者の子息が多数入学したことで、特別な学校というイメージができ上がったのでしょうね。

新聞を賑わせた不良華族たちの事件とは？

保阪　華族はさまざまな特権を持つ一方、政府を支える役割も担っていましたから、国民の模範として一定の品格も求められました。そのため宮内省には華族の素行を監視する機関もつくられ、だらしない生活をする華族や、醜聞を起こす華族を監督していたのです。

関口　ははぁ、素行不良の華族がいたんですね。

保阪 その行為が甚だしいときは、華族の特権を奪うなど厳しく処罰することもあったようです。たとえば昭和の初め頃には、共産党員化する「赤い華族」が問題になり、彼らが一斉検挙される事件も起こりました。岩倉具視のひ孫の女性も逮捕され、後に自殺しています。また華族によるスキャンダラスな不倫事件や心中事件、殺人事件などの不祥事も新聞を賑わせていました。

関口 共産化に、色恋沙汰ですか。

保阪 ええ、やはり天皇から認められた家ということで、特別な意識は持っていたと思いますよ。でも、先ほど武勲を立てた軍人が男爵になれたと言いましたが、一番上の公爵などは、同じ華族でも下の人たちを「成り上がり華族」などと言って、バカにしていたようです。

関口 こういうランク付けをすれば、そういう優劣意識が出てくるのは当然でしょうね。

保阪 国会開設に向けてつくられた貴族院や華族令ですが、それで新たな社会的ランクも生まれたんですね。

豆知識 岩倉具視のひ孫で1913年（大正2年）生まれの岩倉靖子は、日本女子大学退学後に共産主義に傾倒、1933年に特別高等警察に逮捕、検挙される。収監中に共産主義からの転向を宣言し釈放されたが、自宅で頸動脈を切って自殺した。まだ20歳の若さだった。

豆知識 華族制度は、昭和22年（1947年）日本国憲法の施行により廃止された。

25

明治一八年
1885

「今太閤」と言われた農民出身宰相・伊藤博文

内閣制度……一八八五年一二月、内閣制度が誕生。伊藤博文が初代内閣総理大臣になる。

明治政府ができて一八年、立憲君主制のための政治機構が誕生。さて、その中身とは？

関口　いよいよ伊藤博文内閣が始まりますね。それまでは、太政大臣・三条実美をトップとして、左大臣の有栖川宮熾仁《ありすがわのみやたるひと》親王と右大臣の岩倉具視がいる「太政官制度」でした。政府の高官を公家が占めていたんですね。

保阪 でも、明治一六年に岩倉具視が亡くなり、左大臣の熾仁親王は事実上の引退状態。その下の参議も無力化していました。実質的に政府の中心にいたのは、伊藤博文です。伊藤は、太政官制に代わる強力な政府機構をつくるため、内閣制の制定を目指します。

関口 そこで、太政官制が廃止され、内閣が誕生したのですね。

保阪 この頃、憲法はまだ制定されていませんから、天皇の位置は曖《あい》昧《まい》でした。でも、とにかく各省を取りまとめる組織が必要だということで、はじめて内閣制が採用されたのです。

関口 さて、中身を見てみると……案の定、薩長ばっかり！（笑）

保阪 長州が四人、薩摩が四人。ちょうど同じ数だけ割り振られています。そこに、土佐と旧幕臣が一人ずつ。

関口 肥前は、もう誰もいなくなっちゃいました。

保阪 伊藤にとって、この内閣の一番の目的は薩長政権を確立させることだったのです。やはり、自分たち薩長が維新の主役だという自負

豆知識 岩倉具視は食道がんにより病死した。享年57。岩倉は日本初のがん告知を受けたと言われている。7月25日には日本初の国葬が行われた。

は大きかったのでしょう。

豊臣秀吉と並ぶほど、出世を遂げた農民出身の伊藤博文。彼はどうやって総理の座へ上り詰めた？

関口　さて、初代総理に就任した伊藤博文は、当時四四歳でした。まだ若かったですね。彼は、農民の子として生まれたんですよね？

保阪　農民の子として生まれ、後に父が長州藩の足軽の養子になりました。ですから、決して恵まれた出ではありませんでした。

関口　そんな伊藤の足跡をたどってみましょう。一七歳のとき、伊藤は長州藩・萩城下にあった松下村塾《しょうかそんじゅく》に入って思想家の吉田松陰《よしだしょういん》に師事。この頃、木戸孝允や井上馨らとも交流しています。天皇を中心にした新しい体制をつくり、外国は全部、打ち払えという尊王攘夷の思想を持っていた。そして、二一歳でイギリスに密航留学。

豆知識　初代伊藤博文内閣の閣僚

総理大臣	伊藤博文(長州)
外務大臣	井上馨(長州)
内務大臣	山縣有朋(長州)
司法大臣	山田顕義(長州)
大蔵大臣	松方正義(薩摩)
陸軍大臣	大山巌(薩摩)
海軍大臣	西郷従道(薩摩)
文部大臣	森有礼(薩摩)
農商務大臣	谷干城(土佐)
逓信大臣	榎本武揚(幕臣)

保阪　幕末、ヨーロッパの軍事力や知識を見せつけられた長州藩は、自分たちも若者にもっと勉強をさせなければいけないと考えて、藩の有望な若者たちをイギリスのロンドン大学などに留学させたのです。伊藤博文のほか、井上馨、遠藤謹助《えんどうきんすけ》、山尾庸三《やまおようぞう》、井上勝《いのうえまさる》の五人で、「長州五傑」とも呼ばれました。

関口　その時代は当然、出国禁止ですよね？　では、こっそりと？

保阪　ええ、密航させたんです。伊藤は、この留学で外国の文化や生活を見て、英語を覚えます。そして西欧社会はここまで進んでいるのだから、日本も早く開国して外国のようにならなければいけないと決意します。この長州五傑の中でも、その思いをいち早く持ったのが伊藤だったと言われています。

関口　なるほど。この留学をきっかけに、伊藤の人生は大きく変わっていったのですね。でも、長州人材の中でも、なぜ伊藤が出世したのでしょうか？

保阪　もちろん、頭が良かったということもありますが、人懐こく

豆知識　伊藤博文は21歳でイギリス留学を経験、日本との国力の違いを知り開国派に転じた。兵庫県知事を約1年務めた後、政府の中枢で活躍。木戸孝允らとともに鉄道事業や貨幣制度改革に尽力した。語学と交渉力に長け、自ら「調和家」と称した。艶福家としても知られた。

て、人好きのする人物だったようですよ。
たとえば伊藤は木戸孝允にかわいがられて引っ張り上げられましたが、岩倉使節団のときには、伊藤は木戸より大久保利通に近づくんです。たぶん大久保のほうに将来性を感じたのでしょう。
木戸を怒らせるぐらい、露骨に大久保に近づいたと言います。どうやら伊藤には人を見る確かな目があり、相手を取り込むコミュニケーション力にも優れていたようです。また、ある意味で、したたかさも大きな財産だったと思いますね。

関口　ということは、はじめて総理大臣になった人としては、伊藤博文は妥当だったということですか?

保阪　そうでしょうね。明治維新によって、日本はまったく新しい国へ生まれ変わったわけです。そんな日本のはじめての総理大臣は、武士でも公家でもない、もとは農民の子どもだった。それは、明治という時代を象徴的に表していると思います。

26

明治一九年 1886

日本人のみ25人が死亡したノルマントン号の悲劇

ノルマントン号事件……一八八六年一〇月二四日、紀州沖でイギリス船籍ノルマントン号が沈没。

薩摩・長州のメンバーで閣僚を固めた伊藤博文。この男がいよいよ動き出す！　最初の一手は？

保阪　初代総理となった伊藤博文は、まず「勅令」を出す制度をつくります。

関口　勅令というのは？

豆知識　明治19年3月、勅令「帝国大学令」を公布し、東京大学を工部大学校、駒場農学校などと統合し東京帝国大学とした。

保阪　内閣が立案し、天皇の名で出す命令ですが、議会を通さなくとも法律と同じ力を持つものです。政府は「帝国大学令」で帝国大学（現在の東京大学）を作り、「小学校令」で小学校を義務化しました。他にも、地方自治や官僚の育成、制度改革などを精力的に進めます。

関口　内閣が、天皇の力を利用したということ？

保阪　ええ、伊藤は日本を欧米の列強から見下されないような近代国家にしようとしたんですね。目指したのは、周囲の国を制圧していく帝国主義的な国家です。そうでなければ、他国の植民地にされてしまうと考えたのでしょう。

関口　そんなとき、日本を揺るがす大事件が起こります。イギリスのノルマントン号が和歌山沖で嵐にあい、座礁して沈没。イギリス人やドイツ人などの外国人乗組員は沈没前に船を脱出しましたが、日本人乗客の二五人は全員、船とともに沈んでしまった。これは明らかに不自然な状況ですから、国内では船長の責任を追及する声が高まりますが、そこに立ちはだかったのが……。

豆知識　帝国大学令第1条には「帝国大学ハ国家ノ須要ニ応スル学術技芸ヲ教授シ及《および》其《その》蘊奥《うんのう》ヲ攷究《こうきゅう》（考え極める）スルヲ以テ目的トス」とある。

保阪　治外法権ですね。一八五八年に結ばれた日英修好通商条約に基づいてイギリス領事が審判しましたが、「言葉が通じず、日本人は動かなかった」という船長の証言が認められ、外国人の乗組員は全員、無罪になります。日本人乗客の中には、一一歳の少年や女性も乗っていました。彼ら全員が船の中で死んでいったのです。

関口　言葉が通じなくて日本人全員が動かなかったというのは、ちょっと信じられませんよね……。

保阪　実は沈むまで一時間半から二時間ほどあったそうです。助ける気

ノルマントン号の座礁を描いた錦絵

豆知識　イギリス船籍の貨物船ノルマントン号は横浜から神戸へ向かう途中に、紀州沖で座礁、沈没した。紀州沖は海の難所として知られ、1870年には日本初の石造り灯台である樫野崎《かしのざき》灯台、73年には潮岬《しおのみさき》灯台が設置されていた。

があったら、言葉が通じなくても身振りで何とかできたでしょう。

関口　「Ｈｕｒｒｙ ｕｐ！」でも何となく伝わりますよ！

保阪　この事件の背景には、どうやら民族差別の感情もあったのではないかと思いますが、そういう事実関係についても、日本側は裁判で問えないわけです。

連日、新聞各紙は事件の経緯を報道し、不平等条約改正を求める世論が湧き上がるが……。

関口　でも、さすがに世論が黙っていませんよね。

保阪　ええ、条約改正の声があがりますが、イギリス公使が政府に圧力をかけてきたのです。我々への批判は両国の関係を壊すことになるぞ、と。すると日本政府は新聞社に圧力をかけ、論調を抑えさせます。

関口　政府が下火にさせたんですか？　でも、これで不平等条約が、

事件を伝える新聞

いかに危ういものかがわかりましたね。

保阪 外務大臣の井上馨が秘密裏に条約改正会議を行い、英米仏露蘭の五ヵ国とほぼ合意するところまでこぎ着けます。ただし、今度は撤廃のための条件が問題になった。

関口 治外法権を撤廃して関税を引き上げる代わりに、外国人に内地を開放する。外国人が住む場所や通商する場所を自由に決めていいということですね。それから、すべての裁判所に外国人判事を登用する。つまり……？

保阪 被告が外国人の裁判は、外国人判事を採用しなさいということです。

関口 え、やっぱり日本人は裁けないんですか！

保阪 ええ、裁判権は日本に渡しても、外国人の犯罪は被告の国の判事が裁判官に入る。実質的には骨抜きです。

するると、明治政府の法律顧問のボアソナードというフランス人が、これでは日本の独立精神を損ねると大反対します。

豆知識 井上馨外相は各国公使と秘密裏に条約改正会議を行い「条約改正案」を提出、各国も同意していた。しかし、「すべての裁判所に外国人判事を登用する」などの条項が「秘密出版」によって明らかになり、世論の批判を浴びて交渉は中断、井上外相は辞任した。

関口　そして交渉は中断、井上は辞めてしまいます。しかし、日本はこのままでは終われませんよね。

保阪　平等を要求するためには、相応の力がなければ相手にされません。やはり、それに見合うだけの力を付けていかなければいけない。伊藤はそう考えるわけです。その力というのは、軍事力と経済力ですね。

そして、やはり近代的な憲法が必要だという結論に至るわけです。

豆知識　お雇い外国人のボアソナードは明治政府の法律顧問で、法政大学の基礎を築いた。

27

「わが国では宗教が弱い」憲法審議伊藤の演説

明治二一年
1888

憲法草案審議……一八八八年六月一八日、前年から作られていた憲法草案の審議が行われる。

関口　さて、憲法制定に向けて伊藤が動き出します。ノルマントン号事件から半年後の明治二〇年六月、憲法の草案を作りはじめますが、場所は東京ではなかった？

保阪　伊藤博文は官僚三人と神奈川県の三浦半島にある夏島にこもって、料亭で草案を作るんです。何より彼らは自由民権派の妨害を恐れていたのですね。この夏島には伊藤の別荘もありました。伊藤たちが目指したのは天皇を中心としたドイツ式の帝国主義的な憲法でしたが、自由民権派は「主権は人民にあり」と考えていましたから、草案作りが妨害されると思ったのでしょう。

関口　まさに憲法合宿だったんだ（笑）。官僚とは井上毅、伊東巳代治《いとうみよじ》、金子堅太郎《かねこけんたろう》の三人ということですが、井上毅は、外務大臣だった井上馨とは別人ですよね？

保阪　この井上は肥後藩出身で、一年間西

左から金子堅太郎、伊東巳代治、井上毅

豆知識　伊藤の別荘があった夏島（神奈川県横須賀市）は現在は埋め立てられ、工業地区となっている。

豆知識　草案審議に関わったメンバーは、井上毅（肥後）＝憲法・皇室典範担当、伊東巳代治（肥前長崎）＝議員法など担当、金子堅太郎（筑前）＝貴族院令など担当。ドイツ人のロエスレルおよびモッセが法律顧問となった。

欧を視察しています。伊東巳代治も伊藤のヨーロッパの憲法調査に随行。金子堅太郎も岩倉使節団でアメリカに渡り、そのまま留学生としてハーバード大学を卒業しました。

関口 三人とも海外経験の豊かな、伊藤の側近だったわけですね。さて草案作成中の八月六日、事件が起こります。草案を入れていた伊藤の行李が盗まれるんだ！　翌朝、近くの畑で行李が発見されますが、中の一〇〇円だけ取られ、草案はそのまま。良かった！

保阪 盗んだ人は、何だかわからなかったのでしょうね。

自由民権運動を背景にして、この時代には多くの憲法草案が作られています。こうした草案は「私擬憲法」と言いますが、九四種あると言われています。

関口 大隈重信も「憲法意見」を作っていたんですね。この他に、民権運動の強硬派、植木枝盛《うえきえもり》という人が作ったのが「東洋大日本国国憲按」。連邦制国家で一院制、主権在民。弾圧する政府に対して革命権を認めると。

豆知識 私擬憲法には、明治13年の「日本国憲按」(元老院)、「憲法意見」(大隈重信)、明治14年の「東洋大日本国国憲按」(土佐民権派・植木枝盛)・「五日市憲法」(千葉卓三郎)などがある。

保阪　革命権というのは、政府を倒す権利です。民権運動派にとって、当時の政府の動きはそれだけ危なく映っていたのでしょう。

関口　また、民権運動家の千葉卓三郎《ちばたくさぶろう》が作ったのが「五日市憲法」。議院内閣制を取り、三権分立にして基本的人権を保障する。これ、いまの憲法に近いのではないですか？

保阪　ええ、天皇の地位が曖昧な点以外は、現在の憲法とほとんど同じと言っていいと思います。

　それらの中には天皇に上申された憲法草案もありましたから、伊藤が知らなかったはずはない。でも、無視（笑）。人民に主権など「とんでもない」ということでしょう。

関口　そういえば太平洋戦争後に新憲法を作る際、これらの私擬憲法も参考にされたと聞いたことがあります。

保阪　そうです。昭和二二年施行された日本国憲法の作成はGHQが中心でしたが、日本側としても、過去の憲法を検証しています。民権運動家の憲法には民主主義思想がきっちり盛り込まれていますから。

楊洲周延画「枢密院会議之図」（郵政博物館蔵）

関口　無駄にならなかったんですね。さて、明治二一年四月、完成した憲法草案の審議を行うため、枢密院が設置されました。枢密院というのは、憲法草案を審議する他に、天皇へ助言をする機関だったそうですが。

保阪　国家の裏側で、天皇をサポートする有力者の集まりです。中でも、議長は天皇と直に話をして意思の疎通ができましたから、実は総理より重いポストでした。

関口　だから、伊藤は総理大臣を辞めて、枢密院議長になるんですね。そして二代目総理には薩摩の黒田清隆。また薩摩か（笑）。どうしてもこうなりますね。

憲法草案審議の初日、伊藤が演説した内容とは？

関口　さて、憲法草案審議のための会議が始まりますが、初日に伊藤

豆知識　枢密院は憲法の草案審議を行うために設置され、議長1名、副議長1名、顧問官12名以上を置いた。憲法草案の御前会議は赤坂仮御所別殿（現在の明治記念館本館）で開かれた。枢密院は後に天皇の諮問機関となった。

が演説します。伊藤はそこで何を語ったのか。曰く、ヨーロッパにおいては道徳的な機軸として宗教というものがあるのに対して、我が国では宗教の力が弱い。だから、国の機軸とすべきは皇室のみである、と。へえ、日本は宗教の力、弱いですかね？　神道もありますが。

保阪　伊藤は、神道は歴代君子の教えに基づいて受け継いでいるものの、宗教として人々の心を一つにする力は乏しいと言っているんですね。もちろん皇室の背景にあるのは神道ですが、とにかく皇室を国の中心とした強力な君主国家をつくりたいということで、皇室の存在を強調したのでしょう。

関口　天皇中心の強い君主国家にするための憲法だと。

保阪　そうです。ですから、この憲法で真っ先に触れているのは天皇のことなんです。次の章で「臣民の権利と義務」が出てきますが、臣民というのは天皇を親とした赤子《せきし》、つまり我々は皆、天皇の子どもであると。

関口　国民ではない、天皇の子だということですね。

豆知識　伊藤博文は枢密院議長に就任するため総理を辞職、第二代総理として薩摩閥の重鎮・黒田清隆が就任、伊藤は「班列大臣」(行政事務を担当しない大臣)として入閣した(ほかの閣僚は留任)。

28

明治二二年 1889

憲法発布でお祭り騒ぎの日本人を見た外国人の嘲笑

大日本帝国憲法の発布……一八八九年二月一一日、明治宮殿（皇居）で憲法発布式が行われる。

伊藤博文が練りに練った、大日本帝国憲法の中身とは？

関口　さて、いよいよ憲法ができましたね。明治二二年二月一一日、完成した「大日本帝国憲法」が明治宮殿でお披露目されます。明治宮殿というのは、この前年、江戸城跡に建てられた宮城です。大日本帝

国憲法の中身を見てみると、真っ先に触れられているのは「天皇」ということでした。
その第一条は、「大日本帝国は万世一系の天皇これを統治す」。万世一系というのは、後世にもいろいろと話題になる部分ですね。また、「天皇は陸海軍を統帥す」という一文もあります。ここで「統帥」という言葉が出てきましたが。

保阪　基本的に、統帥権は天皇の大権であり、陸海軍の責任者がその委託を受けて戦争を行うこととされました。つまり、天皇のための軍隊だということになります。

関口　そして、次の第二条は臣民の権利と義務です。そもそも、臣民に権利なんてあったんですか？

保阪　現在の日本国憲法では、制約のない基本的

創建された明治宮殿

人権としてさまざまな権利が保障されていますが、大日本帝国憲法の場合は、「臣民」という括りにおいて権利が保障されているわけです。時々、大日本帝国憲法でも言論や出版の自由が認められていたと言う方がいますが、それは「天皇の子どもとしての義務に背かない限り」ということです。やはり、限られた中での自由に過ぎませんでした。

関口　天皇という絶対的存在の下の限られた自由だったわけですね。ところで、憲法学者の木村草太さんによれば、大日本帝国憲法には「歪《いびつ》な部分」があるというのです。どういうことかというと、立法・行政・司法・外交・軍事などあらゆる権限が天皇にあるにもかかわらず、天皇というのは、神聖にして侵すべからざる存在だった、と。だから、たとえ天皇が政治的な判断を間違ったとしても、天皇には責任を問えない。そもそも、天皇が何かを決定するということが想定されていない憲法だったというのです。

　ですから、政治家が最高決定をするときもあれば、軍部が最高決定するときもあった。どこに主権があるかは、その時どきによるとしか

枢密院憲法会議

答えられない、と。

保阪　私もそう思います。

　大日本帝国憲法の歪な部分というのは、他にもありました。まず、憲法よりも軍事が先行していた点です。憲法は明治二二年に発布されますが、軍事は明治の初めから動いていて、すでに軍法規もできていた。つまり、軍の法規のほうが憲法より上位に立っていたということです。このことは後々に大きな矛盾として出てきます。また、木村先生もおっしゃるように、責任の所在が明確にされていませんでした。そのために軍部の力が増大してきたとき、「政治がよけいな口を出すな！　我々の作戦に口を挟むのは統帥権の干犯だ」などと軍が言い出すわけです。

　木村先生は、大日本帝国憲法が天皇の神格化を助長したという指摘もされていますが、宗教と政治が結びついた分、歯止めがきかなくなった部分もあります。ですから、現在の日本国憲法を作る際、政治と宗教は別にしなければならないとされたのです。

関口　いまの憲法には前の憲法の見直しが反映されているのですね。

豆知識　憲法発布式は明治宮殿（皇居）で行われ、9時から天皇が賢所で「憲法発布の御告文」を読み上げ、19時より豊明殿で天皇・皇后臨席の食事会、22時から正殿で舞楽が奏され、最後は立食パーティとなった。

豆知識　憲法発布と同日に「皇室典範」が制定されたが、公布されなかった。皇室典範第1条には「大日本国皇位は祖宗《そそう》（歴代の君主）の皇統にして男系の男子これを継承す」とある。

憲法発布を祝し、街中に響き渡る祝砲に山車や仮装行列、そして庶民は祝い酒で乾杯！　そんなお祭り騒ぎを冷ややかに見る人たちも……。

関口　次ページの図は、憲法発布のときの銀座の賑わいを伝える新聞です。通りの真ん中に憲法発布を祝うアーチが作られています。まさに、国をあげてのお祭り騒ぎだったようですね。

保阪　当時は各地で神輿《みこし》が出たそうです。

関口　実際に、国民の意識はどんな感じだったのでしょうか。「憲法って何だかよくわからないけど、めでたいことらしいぜ！」という感じですか？

保阪　政府から国民に、「お祭り騒ぎをしろ」という命令も出ていたと言います。

関口　めでたいことだ、盛大に祝え、と。そんな感じで、日本中がお祭

豆知識　憲法発布の同日に式典の出席準備をしていた文部大臣・森有礼を伊勢神宮造営掛の西野文太郎が襲い、出刃包丁で腹部を刺した。犯行の動機は森が「拝殿に掛かる簾をステッキで払い除け中を覗いた」ことが不敬であるため、と報じられた。森は翌日死亡した。

り騒ぎになりますが、それを冷ややかに見ている人もいたそうですね。

保阪　ドイツ人のベルツという医師は、日記にこう書いています。「東京全市は憲法発布を控え、言語に絶した騒ぎを演じている。至るところ奉祝門、照明、行列の計画。だが、滑稽なことに誰も憲法の内容をご存知ないのだ」。

関口　厳しいですね（笑）。まあ、憲法の内容は、普通の庶民にはやはりわからないかもしれません。

保阪　ベルツには皮肉屋なところがあったようです。また皇室に関わ

憲法發布式銀座街祝賀之圖
繪入朝野新聞號外
明治二十二年二月十一日

絵入朝野新聞（号外）の憲法発布式の記事（日本新聞博物館蔵）

る医者でもあったので、日本のさまざまな階層の人たちを見る機会も多かったのでしょう。民衆が憲法の内容も知らないで大騒ぎしている、と冷笑しているわけです。

関口　自由民権運動をしていた人たちの反応はどうだったのですか?

保阪　憲法がどうなるのか、民権運動派の関心は非常に高かったそうです。内容はどうあれ、日本がはじめて近代的な憲法を持ったという事実は、好意的に受け止められたようです。

同時に欧米各国も強い関心を持ったと思いますね。これで日本は、東アジアで初の近代憲法を持つ国になったわけですから。

関口　徳川幕府が倒され、新しい国として開国してから二二年。いよいよ近代憲法ができ、国会が始まります。このあたりから、日本と世界各国とのやり取りが緊迫化していくわけですね。

憲法発布を祝う庶民「憲法発布式桜田之景」(東京都立中央図書館特別文庫室蔵)

29

完成早々焼け落ちた国会議事堂とロシア皇太子襲撃事件

明治二三年
1890

第一回帝国議会……一八九〇年一一月二五日、前日に完成した国会議事堂で初の議会が開かれる。貴族院と衆議院の二院制だった。

新しくできた国会議事堂に大惨事をもたらしたのは!?

関口　この年、はじめて選挙が行われました。どんな選挙でしたか?

保阪　投票権があるのは一五円以上の国税を払っている二五歳以上の男子だけで、人口の約一・一パーセント。ごくわずかな人に限られた選挙でした。

関口　九三・九一パーセントの投票率は日本の総選挙史上、最高だそうですが、なんてことはない、ごく一部でやったというだけの話ですか。

保阪　いまとまったく違う選挙でしたね。一言で言うと「恒産なければ恒心なし」、つまり金を持たぬ者は国を思う資格もないということ。

関口　でもそんな選挙でも、野党が勝利しますね。民党（野党）が三〇〇議席のうち過半数超の一七一議席、吏党（与党）は一二九議席。

保阪　政府にものを言いたい人がたくさんいたということです。この頃はまだ、政府に従順な人より自由民権運動派が多かったんですね。

関口　この時期には、街もさらに発展しました。まず一一月、帝国ホテルが開業しますが、これは日本ではじめての純洋風ホテルです。

保阪　本格的な外国人用ホテルを造るため、政府に協力を要請された渋沢栄一らが二〇万円を出資して、鹿鳴館の隣に建築したのです。

関口　浅草には一二階建ての超高層建築、凌雲閣《りょううんかく》も完成します。親父によく話を聞かされましたよ。関東大震災で崩壊した話とかね。

豆知識　第1回の選挙結果に焦った明治政府は、これ以上、自由や権利などを重んじる思想が国民に広まらないよう「教育勅語」を起草。それによって国民の心を一つにしようとした。

東京・浅草の凌雲閣

豆知識　「日本のエッフェル塔」と呼ばれた凌雲閣。10階までは煉瓦造り、11階から上は木造だった。

保阪　完成当時は、八階まで日本ではじめてとなる電動エレベーターで上ることができたので、大人気だったようですね。

関口　さて、選挙から四ヵ月後の一一月二五日、初の議会が開かれます。このときの国会議事堂は仮のものだったんですね。

保阪　議会の前日までに完成させた仮の建物でした。でも、完成から二ヵ月後に火事で全焼してしまうのです。原因は漏電でした。

関口　たった二ヵ月で……。電気はありがたいですが、当時はその扱いに慣れていなかったかな。昔は漏電による火災も多かったですよね。

第一次仮議事堂

帝国議会・貴族院議場

保阪 その後は、華族会館や帝国ホテルを借りて審議を続けました。

関口 さあ、第一回の議会ですが、どんな様子だったのでしょう。

保阪 当時の総理は山縣有朋でしたが、彼は藩閥政治にこだわり、政党政治を嫌っていた。なのに、いきなり議会の半数以上が野党です。

関口 山縣総理にとって、大きな試練が待ち構えていたわけですね。

保阪 山縣らは軍備拡大に重点をおく予算案を通そうと買収工作も行いますが、土佐派の裏切りもあって思い通りにいかない。最終的には、吏党と民党の双方が妥協する形で何とか予算案が通過しましたが、国会閉会から二ヵ月後、山縣は「議会運営に自信がない」と、総理を辞めてしまうんです。

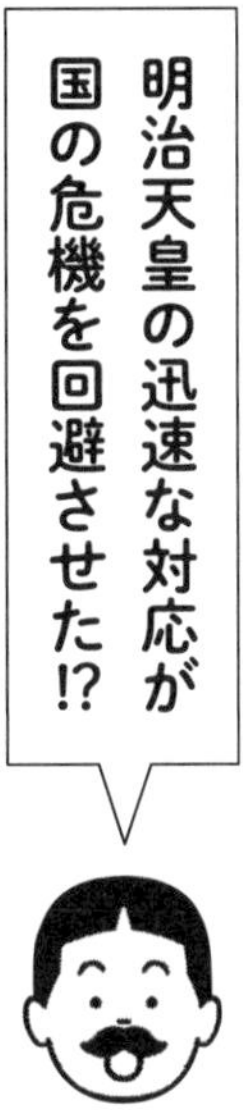
明治天皇の迅速な対応が国の危機を回避させた!?

関口 さて、議会も終えて安堵した矢先、また大ピンチが起きます。

豆知識 帝国ホテルは、木骨の煉瓦造りで3階建てのルネサンス式だった。しかし、ここも大正8年に火災で焼失。その後、有名な建築家フランク・ロイド・ライトによるライト館が建築された。

保阪　大津事件ですね。

関口　来日したロシアの皇太子が襲撃される事件です。明治二四年五月、ロシア皇太子、のちのニコライ2世が来日すると、日本は軍艦を満艦飾にして祝砲を撃ち、特別なお召し列車を用意するなど、並外れた歓迎ぶりで迎えます。ロシアは日本に対する不平等条約を持つ国でしたから、皇太子を懐柔して条約を改正したいという狙いがあったのですか？

保阪　もちろん、条約改正への思いもありましたが、まず大国のロシアを刺激したくないという背景もありました。また、近代国家として始動した日本にとっては、お披露目の機会でもあったんです。

関口　そんな状況で、最悪の事態が起きてしまったわけですね。琵琶湖そばの大津で、なんと警護をしていた津田三蔵という巡査がいきなり皇太子に斬りつけた。この人はロシアに恨みがあったんですか？

保阪　当時、ロシアは不凍港獲得のためアジアに南下しようとしていました。そうした南下政策や不平等条約への怒りがあったようです。

ロシア皇太子ニコライ

豆知識　シベリア鉄道の完成直後に起きた大津事件。ニコライ2世はロシア海軍の艦隊を率いてウラジオストックの起工式に参列する途中で日本に寄り、日本列島を縦断する予定だった。

関口 だけどこれ、戦争になってもおかしくない大事件ですよね。

保阪 ええ、皇太子は頭蓋骨に達する傷を負いましたが、幸い、命に別状はありませんでした。ですが、政府の用意した警護が国賓を襲うなど、考えられない大失態です。そこで、皇太子の接待役だった有栖《ありす》川宮威仁《がわのみやたけひと》親王は明治天皇に電報を打ちます。それを見た天皇はすぐさまお見舞いに駆けつけ、ロシア艦隊が停泊する神戸まで丁重に皇太子を見送ったんですね。すると皇太子が日本を発つ日に、天皇がロシアの巡洋艦上の午餐に招待されたのです。

関口 誠意が伝わったんですね。素早い対応で難を逃れたわけだ！

保阪 天皇自らが謝意を表明したことが評価されたようです。結果的に、ロシアからの報復や賠償要求はありませんでした。

一方、日本国内では、犯人の処分をめぐって大論争になります。外交を重く見て死刑を望む政府に対し、いまの最高裁長官にあたる大審院長の児島惟謙《こじまこれかた》はあくまでも一般的な「法の遵守」を主張します。

関口 結局、大審院長は謀殺未遂罪を適用して無期懲役に処した。

警護巡査・津田三蔵

豆知識 大審院長の児島惟謙のこの判断は高く評価され、のちに「護法の神様」と呼ばれた。

保阪　二年前に大日本帝国憲法ができて司法・立法・行政の三権が確立しますが、形だけでなく、実際に司法権の独立が守られたのです。

関口　法治国家として、この判断は正しかったのではないですか。

保阪　ええ、私もそう思いますね。

大審院長・児島惟謙

豆知識　大津事件はなんとか収束したが、日本とロシアの関係は、ゆくゆく日露戦争に発展する。また、その後のロシア革命で殺されたのが、このニコライ2世だった。

30

明治二七年 1894

西太后率いる清を撃破！日本陸海軍はなぜ勝てたのか

日清戦争……一八九四年八月一日、かねてより睨み合っていた清と日本が朝鮮半島の支配をめぐって開戦。

眠れる獅子を起こした日本。
はじめての対外戦争の行方は⁉

関口　いよいよキナ臭くなってまいりました。日本と清の戦争です。発端は、朝鮮の農民の暴動だったんですね。明治二七年一月、重税や官僚の汚職、米価暴騰などに苦しむ朝鮮の農民が立ち上がります。

保阪　この内乱を鎮静するという名目で、日本と清がそれぞれに軍を派遣するのです。両者は睨み合いを続けますが、七月に日本軍が朝鮮国王の高宗がいる王宮を占拠。高宗と妻の閔妃《ミンピ》を失脚させ、高宗の父親の大院君を国王の地位に就けます。そして大院君に「朝鮮にいる清国軍を撃退してほしい」と言わせるのです。

関口　つまり、開戦のための口実を作ったということですか。

保阪　ええ。日本は、朝鮮から清国を追い払って自らの権益の

王宮に向かう駐朝鮮公使・大鳥圭介と大院君
（「朝鮮異聞 小戦の顛末」。アジア歴史資料センター公開。大英図書館蔵）

閔妃

大院君

及ぶ国にしたい。宗主国の清国は、朝鮮を属国として押さえておきたい。日本と清との間で、朝鮮の支配をめぐる戦争が始まったのです。

関口 八月一日、日本は清に宣戦布告します。でもこのとき、明治天皇は戦争を嫌がり、「朕の戦争にあらず、大臣の戦争なり」と発言されたそうですが……。

保阪 そうなんです。大日本帝国憲法では、形式上は天皇に権威と権力がありますが、天皇が権力を振るうのではなく、臣下の者が「大権」を振るうというシステムです。日清戦争でも日露戦争でも、当初、天皇は戦争に反対していました。でも、周囲が徐々に戦争モードになり、信頼する伊藤博文からも「戦争しかない」と説得されるのです。

関口 でも、日本は使節や貿易を通じて中国から技術や文化を学び、盛んに交流してきましたよね。そんな国と争うことになるとは……。

保阪 私はよく中国で研究者たちと共同研究をしていますが、彼らはこう言いますよ。「日本と中国の関係を一年にたとえると、一二月に入るまでは仲良くやっていた。中国の私たちが日本に文化を教えてい

豆知識 この時期、軍の参謀本部にはじめて開設された大本営。戦時に戦争遂行のための作戦を考え、命令を出す天皇の下に設置された最高機関。

た」と。

関口　ああ、自分たちが上という目線で日本を見ていますか。

保阪　そういう部分はありますね。そして「最後の一ヵ月で、あなたたちが軍国主義に走り、我々の国を侵略した」と言うんです。それが正しいかどうかは別として、それまで日本はさまざまなことを学んできたわけですね。だから中国の人たちが、残りの一ヵ月で日本が急にとんでもないことをしてきたと感じるのはわからない話でもありません。

関口　では、当時の日本人は中国をどう見ていたんですか。

保阪　知識層は中国に学んでいるという意識や畏敬の念を持っていましたが、一般の人は中国のことはよく知らなかったと思いますね。

関口　日本の側もこの時期になると中国を見下すような言動が出てきたように感じますね。

保阪　結局、日本は近代化に成功し、中国は失敗したということでしょう。「眠れる獅子」と恐れられていた清が隆盛だったのは一八世紀まで。一八四〇年のアヘン戦争ではイギリスに痛めつけられ、列強の餌食になってしまう。その動きは日本にも入ってきますから、「なんだ、中国はだらしないな」という思いもあったかもしれませんね。

悪名高き西太后、浪費した金は海軍費の10年分!?

関口　九月には最高統帥機関「大本営」が広島へ移ります。軍港・宇品港を備えた広島は、戦場に兵士や物資を送り出す前線基地でした。その後も日本は清の最強艦隊・北洋艦隊を破り、快進撃を続けます。

保阪　北洋艦隊は清国軍の要と言われていましたが、実際にはそれほど能力の高い軍人が揃っていたとは思えませ

広島・宇品港から出陣する兵士

豆知識　広島に大本営ができると、消極的だった明治天皇も広島へ赴き、軍服を着て指揮に当たった。兵隊たちが苦労しているという話によく耳を傾け、天皇自身も粗末な食事をとっていたという。

豆知識　天皇が前線基地に赴く一方、元総理大臣の山縣有朋は朝鮮に、陸軍大臣の大山巌は旅順へ渡った。山縣は56歳、大山は51歳だったが、現地で司令官として直接指揮をとった。

ん。むしろ日本のほうが訓練や知識の面では進んでいた。そもそも清の軍事力は数では圧倒的に日本を上回っていましたが、実際の戦闘力は日本のほうが上でした。

関口　それはなぜですか。

保阪　まず、内政の乱れが一因です。皇帝の光緒帝と伯母の西太后の間に確執があり、支配力や統率力に欠けていました。また、兵隊の士気の問題もあります。清軍はお雇い外国人や傭兵が中心でした。

関口　日本は総力戦で当たったが、清にはまとまりがなかったと。

保阪　そうです。武力でかなわない分、日本軍は歩兵中心の戦闘を行いましたが、歩兵たちは恐怖心を抱えながらも、まさに命がけで戦っていたわけです。私はかつて日清戦争に従軍した方から当時のことを詳しく伺ったことがあるのですが、こんな話がありました。あるとき清軍から大きな爆弾が飛ばされてきたのですが、その爆弾が爆発もせずにコロコロ転がっているので、日本兵がそれを開けてみると、火薬ではなくて砂が入っていたというのです。きっと西欧の武器商人に騙されたのでしょう。国としての力が弱まっていたために、いいように利用されていたのではないでしょうか。

関口 この時代、清国の西太后は五〇年も実権を握って皇帝より力があったと言われています。

保阪 北洋艦隊のもう一つの敗因は慢性的な予算不足でしたが、財源を圧迫していたのが、実はこの西太后による浪費だったのです。彼女は自分の還暦祝いのため北京郊外に広大壮麗な頤和園《いわえん》を造りますが、その費用は、なんと海軍予算の一〇年分でした。

関口 一〇年分! そもそもこんな非常時に還暦祝いをしますか!

保阪 結局、日本と清国では戦争に臨む国家の姿勢に温度差があったということでしょう。国として統一がとれていない清国に対し、日本は臨時軍事予算が国会の全会一致で承認されるなど、国が一つの意思を持つ塊と化していた。だから一〇の力が一五にもなり二〇にもなった。

関口 ああ、国民が一丸となって力を発揮するという強みですね。

清の最高権力者・西太后

保阪　逆に言えば、一億人が一つの塊になって誤った方向へ進んでいく、という怖さもあります。

関口　ついに戦争続行を諦めた清国は講和を持ちかけます。明治二八年四月一七日の講和会議で日本の出した条件が驚きです。

保阪　まず清国は朝鮮の独立を認めること。そして台湾や澎湖諸島、遼東半島などを日本に割譲する。賠償金は三億一〇〇〇万円。重慶や蘇州、杭州などの開発や開港も要求する。まあ強気ですよね。

関口　清はそれをすべて受け入れた。お手上げ状態だったのですか？

保阪　予想を超えて日本が強かったということでしょう。受け入れなければ、さらに大きな打撃を受けると判断した。

関口　日清戦争は日本軍が肥大するきっかけとなったのでしょうか。

保阪　ええ。日本軍は陸軍だけで一万三四八八人の犠牲者を出すなど大きなダメージを受けたにもかかわらず、戦いに勝ちます。実はこの日本軍の犠牲者の内訳は、戦死が一割、残り九割は病死なのです。コレラや脚気もありましたが、凍死も多かった。なぜかと言うと、軍靴

豆知識　日清戦争の中で最大の海戦「黄海海戦」。日本の連合艦隊12隻と清の北洋艦隊14隻が激突し、清軍は5隻が沈没。日本の沈没船はゼロ。この勝利で、日本は黄海の制海権を手に入れた。

が足りていなかったからです。草鞋を履いて戦った兵隊もいました。こうした面から見ても、国力に応じた戦争ではなかったということです。実際は、日本の国力を超えた過酷な戦争であり、それを支えていたのは、兵士のエネルギーや精神力だった。この精神主義が、後の日本軍を性格づけるようになっていくのです。

31

日清戦争の「戦利品」を手放せ！ 独仏露の圧力

明治二八年
1895

三国干渉……一八九五年四月、多額の賠償金と遼東半島などを獲得した日本にドイツ・フランス・ロシアが遼東半島の返還を要求。

勝利に浮かれる日本を牽制する独仏露の思惑は!?

関口 さて、日清戦争に勝った日本は賠償金や清国の一部を手に入れました。賠償金の三億一〇〇〇万円って、膨大な額ですよね！

保阪 当時の日本の国家予算の三・三倍もありました。

関口　日本各地に凱旋門が建てられ、祝勝会が行われたそうですね。

保阪　外国との戦争は豊臣秀吉の朝鮮出兵以来三〇〇年ぶり、明治維新後ははじめてですから、国全体が戦勝気分に高揚したのです。

関口　これで「戦争に勝てば儲かる！」と思ってしまったのでは？

保阪　そうです。日清戦争における日本の戦費はおよそ二億円でしたから、戦争によってまさに国益を得たわけですね。いわば戦争が国の「営業品目」の一つになってしまった。これ以降、軍人は名誉を求めて戦争に進むようになり、軍隊を称える風潮も生まれました。同時に「国

祝捷会

東京・日比谷につくられた凱旋門

豆知識　日清戦争の勝利を祝い、各地で祝勝会が開かれた。上野の戦勝会では不忍池に清国の軍艦模型を浮かべて火をつけて沈め、黄海海戦を再現。東京・日比谷に建てられた凱旋門は高さ30m、長さ110m。

民」意識も形成されていきます。

関口 でも、そんな日本人の戦勝気分をいっぺんに吹き飛ばすような出来事が起きますね。三国干渉です。下関条約からわずか六日後に、ロシア、ドイツ、フランスが一緒になって日本が割譲させた遼東半島を清国に返還するよう強く働きかけてきたと。

保阪 この時期、ロシアは隣国のドイツと揉めていました。ロシアは黒海から地中海へのルートを確保するため、バルカン半島を勢力下に収めたい。一方、ロシアの勢力拡大を恐れるドイツは、イタリアなどと同盟を結んでその動きを抑えたい。ですから、ロシアの勢力がアジアに向かうのは、ドイツにとっても有益だったのです。

関口 ロシアの目がアジアに向くことを期待した?

保阪 ええ。またフランスはロシアと軍事同盟を結んでいましたから、この三国の利害が一致して、アジア政策で手を組んだということです。新興勢力の日本が新たな帝国主義的国家として膨張してくるのを警戒する意味合いもあったでしょう。

ラッパ手・木口小平

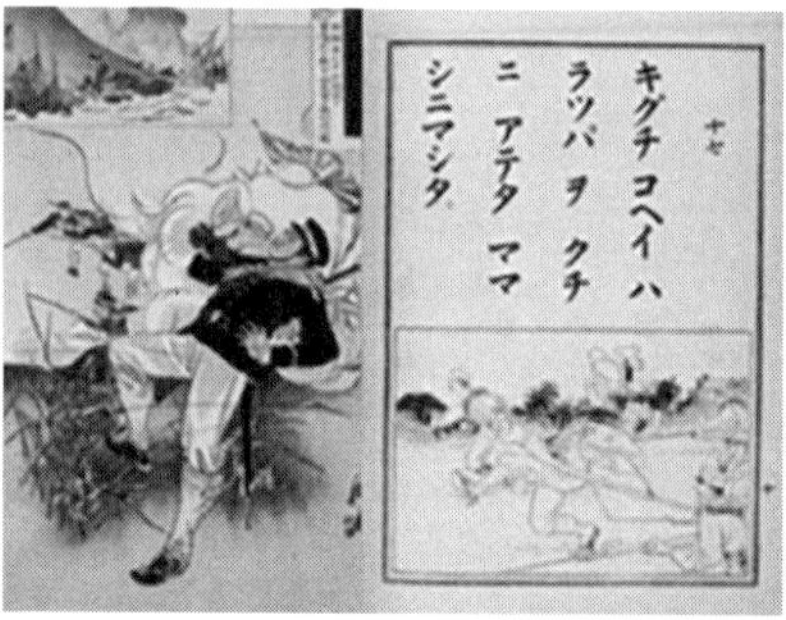

キグチコヘイハ
ラッパヲクチ
ニアテタママ
シニマシタ。

豆知識 当時、日清戦争で敵に撃たれた陸軍兵のラッパ手・木口小平が任務であるラッパを離さず戦死した逸話が美談として広まり、後に修身の教科書にも掲載されていた。

関口 日本政府は、それにどう対応しましたか。

保阪 首相の伊藤博文はイギリスとアメリカに仲介を依頼しようとしますが、外相の陸奥宗光がそれに反対したため、なかなか方針が決まりません。そうこうしているうちに、イギリスとアメリカが中立を表明してしまったのです。特に当時のイギリスは、「光栄ある孤立」といって他国と同盟を結ばない主義でしたからね。

結局、日本は賠償金をさらに四六〇〇万円上乗せして受け取る代わりに、遼東半島を清国に返還します。

関口 当時の兵力は、日本が二〇万人に対して、ロシアは二〇〇万人ということですから、日本には三国をはね返せるほどの国力はない。

保阪 ロシアは軍事大国ですから、日本が拒否したら軍事的な威圧を受けるか、場合によっては戦争になることも考えられる。それでは日本は持たないと考えたのでしょう。でもこの三国干渉によって、日本国内では反ロシアの風潮が大きく盛り上がります。新聞各紙に「臥薪嘗胆」のスローガンが踊り、国民の合言葉になりました。

社説

此際《このさい》に於《お》ける一言《げん》の注意《ちうい》

破扇子

東京朝日新聞　明治28年5月15日付記事「臥薪嘗胆」記事

関口　臥薪嘗胆というと、「仇を討つため労苦に耐える」という意味ですね。そんな言葉が新聞に載り、国全体が反ロシア化していった？

保阪　「遼東半島はロシアに奪われた」という認識が国民の間に広く形成されていきました。この時期には、民権派言論人の中にも帝国主義国家を推進するようになった人もいました。たとえば、かつて平民主義を掲げていた徳富蘇峰は、自分の発行する『国民新聞』で伊藤博文内閣を徹底批判していましたが、徐々に転向していき、日清戦争前の明治二七年七月二三日には、「開戦の好機来たる」という社説で「膨張的日本が、膨張的活動をなす好機」と主張しています。それ以降の『国民新聞』は、国家の独立や維持を第一に考える国権派の代表として、政府の宣伝機関紙のようになっていくのです。

関口　こうして日本では、「国力を上げて、いずれロシアに勝つ！」という雰囲気が醸成されていくのですね。

保阪　国をかけてロシアとの戦争に備えていきます。日清戦争の賠償金の八割以上が軍備につぎ込まれ、軍が大幅に拡張されたのです。

豆知識　日清戦争の賠償金のうち、84％が軍事関連に使用された。陸軍は6個師団を12個師団に倍増して騎兵や砲兵旅団を新設。海軍は戦艦6隻、巡洋艦6隻を英・独・仏に発注して戦闘準備を整えた。

豆知識　ちなみに、平民主義を唱えていた頃の『国民新聞』の発行数は5000部程度だったが、日清戦争が勃発して国権派に変わると8000部に増え、日清戦争終結時には1万5000部にまで伸びた。

32

日本軍部の仕掛けた謀略 閔妃殺害事件の真相

明治二八年 1895

閔妃殺害事件……日清戦争後、ロシアに接近していた朝鮮の王妃・閔妃を一八九五年一〇月八日、日本公使の三浦梧楼らが殺害。

朝鮮の王妃暗殺事件の黒幕は、日本の公使だった!?

関口　日清戦争の終結後にも、また大事件が起こりますね。四月に下関条約、三国干渉が行われますが、一〇月には朝鮮半島で「閔妃殺害事件」が起こりました。この閔妃って、どんな人ですか。

保阪　閔妃は前々回にも登場しましたが、第二六代王・高宗の妃ですね。彼女は、義理の父である大院君と長期にわたって権力争いを繰り広げてきました。まず明治六年に実権を握ると、その基盤を強めるために日本に接近します。でも大院君などの反対勢力がクーデターを企てると、宗主国だった清国に助けを求め、政権を維持します。さらに日清戦争で清国が負け、日本が推していた大院君の勢力が強くなると、今度はロシアと連携して日本の影響力を排除しようとするのです。

関口　そして明治二八年七月六日、閔妃はロシアの力を借りてクーデターを起こし、ロシア寄りの政権を樹立したと。この閔妃という人は、その時々で自分たちを庇護してくれる外国に近づいては、その力

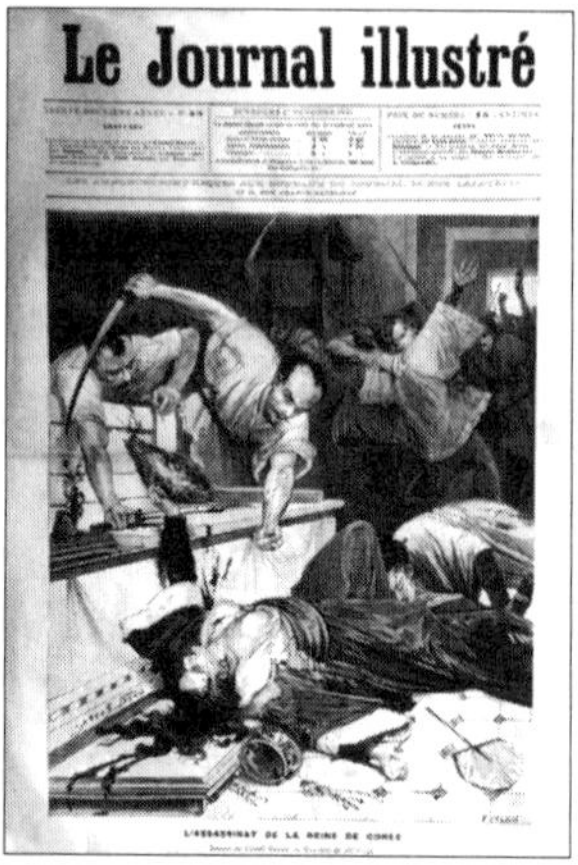

暗殺事件を伝えるフランスの雑誌

大院君と閔妃

を利用して実権を握ってきたということですね。

保阪　そうです。この閔妃の動きを危ぶんだのが、日本の朝鮮公使、三浦梧楼でした。三浦は長州出身の陸軍軍人で、朝鮮特命全権公使という役職を務めていた大物です。この三浦と大本営指導部の軍人たちが通じていて、なんとしても日本が朝鮮を軍事的に支配しなければと考えた。そこで三浦たちは偽クーデター計画を立て、日本軍守備隊や大陸浪人、朝鮮親衛隊を宮殿に乱入させて閔妃を殺害させるのです。

関口　暗殺の黒幕は、日本の公使だったんですね！

保阪　ちなみに、三浦は事件に関わった罪で広島で投獄されますが、証拠不十分で釈放されます。その後は天皇の枢密機関である枢密院の顧問官や宮中顧問官となり、政界の黒幕として暗躍するのです。それにしても、この閔妃殺害事件は昭和六年の満州事変と似ていると思いますね。満州事変も日本側に黒幕がいて、中国の人があたかも満鉄を爆破したように見せて、それで情勢を動かそうとした。

関口　原因を作って仕掛けるわけですか。

三浦梧楼

豆知識　三浦梧楼は奇兵隊で戊辰戦争などに参加した後、昇進を重ねていき、閔妃殺害事件の約1ヵ月前に駐朝鮮特命全権公使に就任。事件後は証拠不十分として無罪となり、釈放された。

保阪　悪しき先例の一つになったということは言えるでしょうね。

関口　さて、それで朝鮮半島のほうはどうなったかというと……、閔妃の夫、高宗はロシア公使館へ逃げ込みます。

保阪　日本が閔妃暗殺に関わっているのはわかっていましたから、自分も狙われると思ってロシアに助けを求めたのでしょう。高宗はロシア公使館の中から一年にわたって朝鮮王朝の政務を執り、親日派の勢力を一掃します。一方ロシアは、高宗を保護する見返りに鉱山の採掘権などを獲得して、朝鮮半島での影響力を強めていきます。

二股外交で勢力を拡大したロシアの真の思惑とは⁉

関口　さてその間、日本は何をしていたのでしょうか。

保阪　日本も朝鮮半島における影響力を取り戻したいですからね。山縣有朋がロシアのロバノフ外相と交渉を始め、山縣は朝鮮の事実上の

豆知識　閔妃暗殺後の明治29年2月11日、身の危険を感じた高宗と長男の純宗はロシア公館に保護を求めた（露館播遷）。しかしこのことでロシアにつけ込まれ、資源開発の権利を奪われた。

分割占領を提案しますが、合意には至りません。

関口 山縣は、朝鮮での日露の勢力範囲を決めようとしたのですね。

保阪 でも実はこのとき、ロバノフは山縣との協議と並行して、清国の代表である李鴻章とも水面下で交渉していたのです。ロバノフは日清戦争の賠償金の一部を清国に貸し付ける代わりに「清国内を通る鉄道の敷設権や旅順と大連を他国に渡さない」「ロシア、清、朝鮮が日本から侵攻されたときは軍事援助を行うこと」などを要求します。

関口 それで李鴻章はロシアから金を受け取ったのですか。

保阪 はい、そしてこの条件でロシアと「露清密約」を結びます。ロシアの目的は、旅順や大連がロシアの勢力範囲と認めさせること、満州に鉄道を敷くことでした。実質的に満州を支配できますから。

関口 それを清国も認めたと。

保阪 そうです。その六日後、ロバノフは日本とも「互いの国が朝鮮に出兵するときは事前に話し合う」という形式的な協定を締結します。結局、ロシアは朝鮮を手放すことなく、清国の旅順と大連の利権

豆知識 露清密約(1896年)は、ロシアが黒竜江省と吉林省を通過する鉄道を建設することを許可するほか、ロシアが軍隊と軍需物資を自由に輸送できる権利も含まれており、旧満州におけるロシア権益を大幅に認めさせる密約だった。

も手に入れたのです。

関口　朝鮮では国王を保護して影響力を強め、清国には金を渡して満州を手に入れ、日本とは条約によって友好を保つ。したたかですね！

保阪　言葉は悪いですけど、「二股外交」です。

関口　ロシアのほうが、日本より一枚も二枚も上手だったということですか。さて、ロシア公使館に逃げこんだまま政治を行っていた朝鮮の高宗でしたが、明治三〇年一〇月一二日、やっと宮殿に戻ります。

保阪　「ロシアに逃げた」と国民の非難が強まっていたからです。宮殿に戻った高宗は、国名を「大韓帝国」と改め、宗主国だった清国からの独立を宣言、自らは「大韓光武皇帝」を名乗ります。

関口　帝国と皇帝とは、大きく出ましたね。

保阪　皇帝と名乗って、清国と同等の立場であると示したのです。

関口　一方、ロシアは着々と南下政策を進めます。明治三一年、旅順・大連を租借してハルビンから旅順までの鉄道敷設権も得ました。

保阪　ロシアは念願の不凍港を手に入れ、極東艦隊の拠点にしたのです。また、鉄道周辺の土地を「鉄道付属地」として都市や鉱山を開発し、ロシアの治外法権を無理やり認めさせます。このやり方は、日露戦争の後に日本が引き継いで満州開発に利用していきますが、それはともかくとして、この時期のロシアの南下政策が日本とロシアの間の緊張を高めていくことになるのです。

豆知識 ロシアは鉄道建設に必要な土地を「鉄道付属地」として、その管理権も獲得した。清国の行政権が及ばない排他的行政権を認めさせたうえ、周辺の都市や鉱山の開発も進めた。

33

「狙い目」は中国沿岸部　列強が奪い合った租借地

明治三一年　1898

租借地争奪……一八九八年三月、ロシアが旅順・大連の租借権を得る。同時期、イギリス、ドイツ、フランスも中国各地に租借地を獲得した。

中国を奪い合う熾烈な争い　なぜ沿岸部だけが狙われた？

関口　さて、明治三一年にロシアは中国の旅順・大連を租借して、ハルビンから旅順までの鉄道敷設権も得ました。そもそも、この「租借」って、どういうことですか。

保阪　一定期間、他国に領土を貸し出すということです。一応、主権は元の国に存在しますが、領土を借りる国のほうが実質的な統治権を持っていました。

関口　下の絵は、明治三一年一月にフランスの新聞に掲載されたアンリ・マイヤーという人による挿絵だそうですが、ＣＨＩＮＥと書かれたパイを五つの国が分け合おうとしています。

保阪　左から、イギリスのヴィクトリア女王、ドイツのヴィルヘルム二世、ロシアのニコライ二世、フランスの象徴であるマリアンヌという女性像、また日本の象徴であるサムライがパイを囲み、後ろで清国人が怒りながら両手を上げています。

関口　イギリスとドイツが睨み合い、フランスは隣のロシアの肩に手を添えていますね。そうか、この二国は同盟を組んでいましたからね。そして日本のサムライもこの一角に加わって難しい顔をしている。面白い絵ですね。しかし、これでは清国の土地を借りるというより、もはや奪い合いという感じですが……。

パイを分け合う列強

保阪　言葉は悪いけれど、清国は列強の餌食になったと言えるでしょうね。日清戦争で、清国は国家予算の四倍にもあたる莫大な賠償金を背負うことになりました。すると列強は清国へ金を貸し付け、その見返りとして次々と租借地を要求したのです。

関口　ロシアは大連、旅順。イギリスは威海衛《いかいえい》・九竜半島（香港）。ドイツは膠州湾（青島）。フランスは広州湾。日本は日清戦争で台湾を取りましたね。

保阪　当時の地図を見るとわかりますが、そうした列強の租借地というのは中国の沿岸部ばかりなのです。

関口　へえ、なぜですか？　ロシアが不凍港を手に入れたいというのはわかりますが。

保阪　そこがまた列強のしたたかなところです。清国は近代化に乗り遅れていましたが、まずアヘン戦争でイギリスが入ってきて利権を一番早く手に入れようとします。そのときイギリスは、中国全土を押さえるのではなく、自国の利益になる要衝の地だけを押さえるという形

豆知識　下関条約で日本の領地となった台湾では、反乱（乙未戦争）が起きて日本軍が平定したが、その後もゲリラ戦による抵抗が激しく、日本は統治に困難をきわめた。

をとりました。そのイギリスの手法を、他国が真似したのです。

関口　要衝だけを局地的に手に入れて、自分たちの国益になるような活動をその土地で行おうとした？

保阪　ええ。そして要衝を手に入れたら、その後は中国全土に手を広げていくことはしませんでした。奥へ行けば行くほど兵站《へいたん》が大変になるからです。

関口　兵士や食糧、武器も運ばなければいけない。補給問題ですね。

保阪　そう、奥地へ行くほど部隊が孤立します。さらにイギリスは、有史以来続いてきた中国の戦闘の苛烈さを十分に研究し、熟知していました。イギリスの古い軍事学の本のいくつかには、「中国と戦争をすると、我が国の軍隊が疲弊し、近代的な軍隊の枠組みが退嬰化《たいえいか》する」ということが書かれているのです。だから、イギリスは中国とは戦争しないという。中国には中国なりの軍事戦略があるのですが、列強各国はきちんとそれを理解していたということです。

関口　中国奥地まで入り込んで戦争したらえらいことになる、と。

保阪　中国が相手の場合は、沿岸の要衝ポイントを押さえるほうが得策だということですね。でも、日本はこうした軍事学を学んでいませんでした。

関口　その結果が、後の戦争につながっていくわけですね。さらに、列強各国の租借地には他にも共通点がありました。租借地に鉄道を作る権利を獲得したことです。

保阪　列強は、鉄道や鉱山開発などの利権も押さえることで、植民地のようにその地を支配したのです。後に日本の南満州鉄道、いわゆる満鉄となるロシアの東清鉄道、ドイツの山東鉄道など、この時期に作られた鉄道は、その後の東アジアの歴史に大きく関わっていきます。

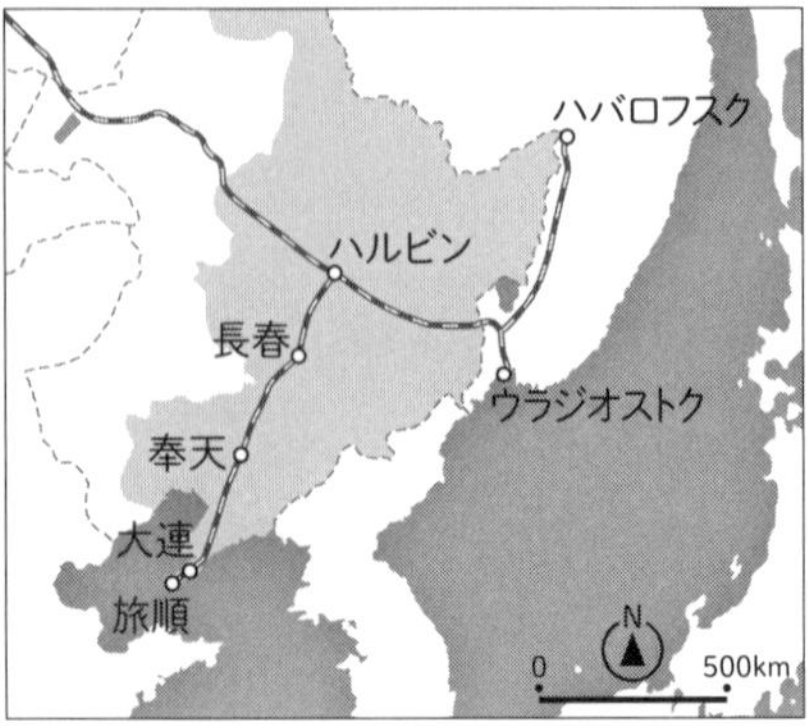

旅順・大連を租借、ハルビン─旅順の鉄道敷設権を得たロシア

豆知識　ロシアの東清鉄道は、満州北部の本線と満州南部に延びる支線からなる鉄道。本線はシベリア鉄道に接続していた。満州事変後に日本に移譲されたが、1945年のソ連の対日参戦によって中国が接収した。

34

明治三一年
1898

皇后のお酌に涙した 徳川慶喜と明治天皇30年目の邂逅

徳川慶喜の復権……一八九八年三月二日、大政奉還で政権返上して以来、三〇年間、表舞台から身を引いていた徳川慶喜が明治天皇に謁見した。

元主君の復権のために
三〇年苦心した勝海舟の男気

関口　アジアで列強が中国を分割しようとしている時期、日本国内ではこんなことがありました。明治三一年三月、江戸幕府最後の将軍・徳川慶喜が明治天皇に謁見したのです。この徳川慶喜という人は、明治になってからは表舞台に出てきませんでしたね。

保阪　そうです。慶喜が三〇歳のとき、大政奉還で政権返上して江戸城を明け渡します。その後、慶喜は幕府の直轄地だった静岡へ移り、謹慎生活を続けます。以後三〇年間、彼は静岡で写真撮影や絵画、狩猟などの趣味に没頭して生きるのです。世間とつながりを絶って暮らしていたのは、政治には関わらないことを示すためでしょう。

関口　それがなぜ急に、明治天皇と面会することになったのですか？

保阪　旧幕臣の勝海舟の尽力によるものです。勝は幕末に幕府の交渉役を務めていましたが、維新後も、慶喜に対する旧幕臣としての使命感を持っていたのでしょう。慶喜の復権をずっと願っていました。

関口　慶喜さんの評価をきちんと世間に知ってもらいたいと？

静岡から東京に移住後の徳川慶喜

狩猟姿の徳川慶喜

豆知識　静岡に隠居した徳川慶喜は、訪ねて来る旧幕臣たちの面会を頑なに断り、世間とのつながりを絶って暮らした。10男11女もの子どもに恵まれた。

保阪 ええ。幕末から明治にかけては、一歩間違えれば日本は大規模な内戦に入ったかもしれなかったわけです。それを防いだのは慶喜の叡智によるものだった、という思いが勝にはあったのだと思います。

関口 でも、慶喜は新政府に刃向かった「朝敵」になってしまった。

保阪 それで勝は元主君の復権のため奔走していましたが、尽力が実り、明治二年に謹慎解除、明治三一年に天皇謁見が許されたのです。

関口 明治天皇と皇后は人払いをして、慶喜さんと三人だけで食事をされたそうですね。皇后さまがお酒のお酌をなさったという。

保阪 慶喜はそのお酌が嬉しかったようですね。幕末から明治になるとき、言ってみれば権力の主体が入れ替わったわけです。慶喜は、次の権力を握る明治天皇に対して背いたわけではないとわかってもらうことで、自分の人生を肯定したかったのではないでしょうか。

関口 面会後、明治天皇は伊藤博文に「やっと罪滅ぼしができた」と言われたそうですが、天皇にも複雑な思いがあったのでしょうか。

保阪 そうでしょうね。明治天皇は「慶喜の天下をとってしまった

明治天皇

昭憲皇太后

が、もうお互いに浮き世のことで仕方ないと言って帰った」と続けています。結果的に慶喜の権力を奪い、交流もないまま三〇年も経ってしまった。そうした心苦しさがあったのかもしれません。

関口 そして慶喜も謁見翌日、すぐ勝に報告しています。親族一一名にも手紙を送り、謁見の喜びを伝えたと。嬉しかったんですね！

保阪 勝もまた日記に「我が苦心三〇年、少しく貫く処あるか」と書いています。慶喜の名誉回復に励んだ心意気が感じられますね。

西郷隆盛像を建立したのに、「うちの人はこんな人じゃない」

関口 勝にはもう一人、気になる人がいました。西郷隆盛です。江戸の無血開城と明治維新の立て役者でしたが、西南戦争で敗れて亡くなり、逆賊となっていました。

保阪 それが、大日本帝国憲法が発布された明治二二年、恩赦によっ

豆知識 勝海舟は旗本・勝小吉の子。勝海舟の曾祖父はもともと貧農に生まれたが、商売で大成功し、息子の平蔵に旗本・男谷家の株を買い与えた。以降、旗本の家柄を継承した。

豆知識 西郷隆盛像の建立は当初、皇居に近い場所に計画されたものの、許可されず、上野戦争の舞台である上野が選ばれた。明治31年12月、上野に像が完成すると、たちまち人気の観光地になり、当時の雑誌にも取り上げられている。

て隆盛の名誉が復権したのです。それを機に、隆盛の部下が上野に銅像の建立を呼びかけますが、勝はそれも支援しています。

関口 明治三一年一二月には上野に像が完成して除幕式が開かれますが、なんとそこで、隆盛の奥様の糸子さんが「うちの人はこんな人じゃない」と言ったとか！ それ以来、本当はどんな姿だったのかという論争が続いています。

保阪 大の写真嫌いだった隆盛には写真が一枚も残っていないので、銅像の顔を担当した高村光雲は、弟の西郷従道の写真と、その写真を元に画家のキヨッソーネが描いた肖像画を参考にしたそうです。

関口 奥様は「浴衣姿で散歩などしません」と言ったそうですが。

保阪 確かに、浴衣は無作法といえば無作法ですよね。

関口 ともかく、この銅像の建立運動を一生懸命やったのが勝さんでした。でも除幕式には病気で出られず、翌月の三二年一月に七五歳で亡くなっています。

保阪 私はいろいろな意味で勝海舟に興味を持っていますが、非常に

現在の上野公園西郷隆盛像

豆知識 西郷隆盛像の製作にあたり、宮内省から500円下賜された他、全国からの寄付が集められた。彫刻家の高村光雲らが製作した像の顔については、生前の西郷を知る東郷平八郎も「少しふとり過ぎて居る様に思う」と述べている。

優秀な人だったと思いますね。戊辰戦争では幕府側の責任者になっていたものの、状況を読むことに関しては先天的な才があった。無血開城はその最たるものでしょう。幕府の人たちからは「裏切り」とか「弱腰」と見えたかもしれませんが。

関口　でも、今なら「引いて正解」と言えますよね。引かなければ、日本はとんでもないことになっていたかもしれないですから。

保阪　「大事な場で引ける」ということが彼の能力の表れでもあり、歴史を見る目があったと言えます。

関口　昔読んだ本で感銘を受けたのですが、勝海舟は「世間は生きている。理屈は死んでいる」と言ったそうですね。机上で理屈はいくらでもこねられるが、世間は時々刻々と変わり、皆いきいきと生きている。そちらをよく見ろ、と言いたかったのではないでしょうか。

35

外国人も日本で裁くミルラー事件とカルロス・ゴーン

明治三二年
1899

条約改正……一八九四年七月一六日に調印された日英通商航海条約が一八九九年七月一七日より発効。日本の悲願だった治外法権の撤廃がようやく実現した。

明治政府の悲願だった条約改正発効当日に「外国人死刑第一号」!?

関口　さて、二〇世紀を目前にした一八九九年頃、新時代を予感させる出来事が次々と起こります。まずは、何といっても条約改正です。幕末の「安政五ヵ国条約」で英・米・露・仏・蘭の各国に不平等条約を結ばされた日本にとって、この条約改正は長年の悲願でしたね。

保阪　明治二七年七月に日英通商航海条約が締結され、その五年後の七月一七日から発効されたのです。これによって日本はようやく治外法権の廃止に成功し、この後、他国とも条約を改正していきます。このときの改正では関税自主権の完全回復までは実現しませんでしたが、治外法権が撤廃されたことは大きな成果でした。

関口　安政五年から、実に四一年もの月日が流れたわけですね。そして、これが現実の怖いところですが、条約発効のその日に重大事件が起こるわけです。アメリカ人脱走兵ロバート・ミラーが横浜で日本人女性二人とアメリカ人男性一人を殺し、逮捕されます。

保阪　ミルラー事件です（当時ミルラーと表記）。まさにその日から治外法権撤廃になり、ミラーも日本で裁かれることになった。この事件は、警察司法当局がどう対処するかという試金石でした。

関口　そして裁判の結果は……、死刑！

保阪　在留外国人の死刑第一号でした。ミラーは控訴しますが、その

条約改正

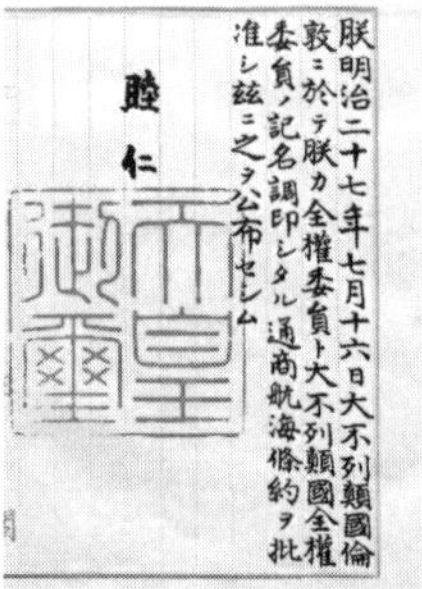
朕明治二十七年七月十六日大不列顛國倫
敦ニ於テ朕カ全權委員ト大不列顛國全權
委員ノ記名調印シタル通商航海條約ヲ批
准シ玆ニ之ヲ公布セシム
睦仁
天皇御璽

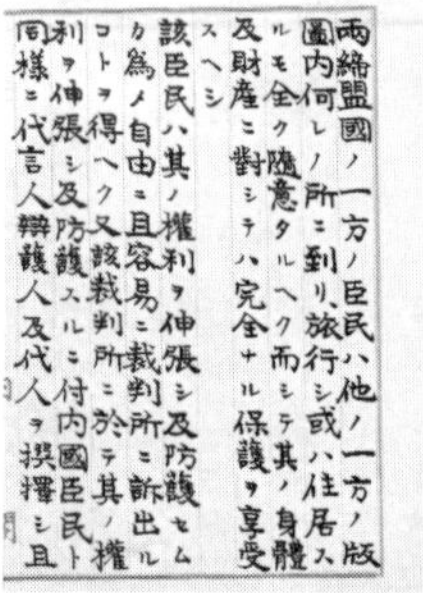
兩締盟國ノ一方ノ臣民ハ他ノ一方ノ版
圖内何レノ所ニ到リ旅行シ或ハ住居ス
ルモ全ク隨意タルヘク而シテ其ノ身體
及財産ニ對シテハ完全ナル保護ヲ享受
スヘシ
該臣民ハ其ノ權利ヲ伸張シ及防護セム
カ為メ自由ニ且容易ニ裁判所ニ訴出ル
コトヲ得ヘク又該裁判所ニ於テ其ノ權
利ヲ伸張シ及防護スルニ付内國臣民ト
同様ニ代言人辯護人及代人ヲ撰擇シ且

豆知識　この改正では関税自主権の完全回復は実現しなかった。綿織物、毛織物、鉄鋼、時計、ガラス、鉄道機関車、精糖、ぶどう酒など100品目以上の関税自主権の回復が実現したのは明治44年になってから。

後、死刑判決が確定して翌月に執行されます。

関口　それまでの条約に守られていたら、きっとミラーは死刑にはならなかったでしょうね。その一二〇年後に、あのカルロス・ゴーンの逃亡事件が起こるわけですが、ゴーンという人はこんなふうに日本の司法制度で日本人に裁かれるのが嫌で逃げ出したのでしょうかね。

保阪　無罪を主張していた彼が、どんな心境だったかはわかりませんけれどね。ところで、明治二七年の条約調印から発効までの間には、さまざまな準備が進められていました。外国人犯罪者が日本の刑務所に入ることも想定さ

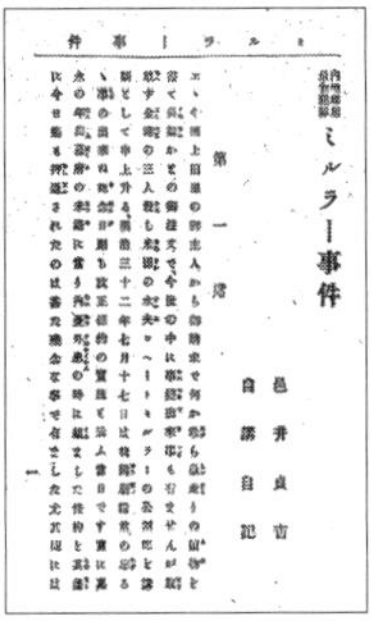
ミルラー事件

ミルラー事件

第一席

邑井貞吉
自講自記

『ミルラー事件』を題材とした講談本

れたので、『監獄英語必携』という手引きも作られています。しかし、発効当日にこんな重大事件が起こるとは考えていなかったでしょうから、警察や裁判官も大変だったでしょうね。

日本の三〇年の進歩は、西洋の三〇〇年の文化を超越!?

関口　この時期には、海外から日本にさまざまな新技術が入ってきます。少しさかのぼりますが、明治三一年二月六日、日本ではじめて自動車が走りました。フランスの「パナール・ルヴァッソール」という石油自動車の試運転です。これには皆、びっくりしたでしょうね。

保阪　当時の新聞は「インジン自動車は普通四輪車にして馬車の馬無きもののごとき形状」と紹介しましたが、エンジンのことでしょう。

関口　どうしても馬車と比べてイメージしてしまうんだな。

保阪　このときは、日本でこの自動車の製造会社を設立しようとして

日本ではじめて自動車が走る

資本金二〇〇万円（現在の価値で六〇億～八〇億円）で競売にかけられたのですが、入札価格に達さず、車はフランスへ返却されたそうです。

関口　豊田自動織機はこの時期すでに織物を織る自動織機を作っていましたけど、自動車はまだでしたね。

保阪　当時の日本には、それだけの資本が整っていなかったのでしょう。しかしこの後、日本でも自動車の製造が始まり、明治三七年には岡山で電機工場を営む山羽虎夫という人物によって国産自動車第一号が作られます。自動車を知ってわずか六年という時間で、自分たちで作ってしまうんですよ。独創性には欠けるかもしれませんが、日本人はやはり知識や技術を吸収する力には優れていると思いますね。

関口　昔から、新技術を取り入れて進化させるのが得意なんですね。さてこの後、新しい文化も次々と「国産化」されていきます。明治三二年、初の国産映画が上映されました。歌舞伎の演目を撮影した日本最古の映画です。映画が日本に伝わって三年後でした。

豆知識　世界でガソリン自動車が誕生したのは1886年、ドイツのゴットリープ・ダイムラーによるもの。1900年代初頭にはフランスを中心に自動車の量産化が図られ、大衆にも普及していく。

現存最古の日本映画『紅葉狩』
（国立映画アーカイブ蔵）

保阪　当時の人はこうした発展が誇らしかったのでしょう。『中央公論』一九〇〇年一月号にこうあります。「日本の三〇年間の進歩は、西洋の三〇〇年間の文化を超越した」「いまや列国対等の一強国」。

関口　それはちょっと言い過ぎじゃないですか？（笑）

保阪　よく言えば自信の表れ。悪く言えば過信に近づいていますね。

関口　西欧諸国に教えを請う時代は去った、と言っているんですから過信に思えます。

保阪　それくらい目覚ましい発展をした自負があったのでしょう。

日本初のビアホール

豆知識　1900年には、銀座に初のビヤホール、浅草には初の水族館ができて人気を集めた。

36

西太后が支援した義和団の乱 欧米列強の公使館を包囲

明治三三年
1900

義和団の乱……清国で宗教的秘密結社による義和団の乱が勃発。西太后がこれを支持し、一九〇〇年六月二一日、欧米列国に宣戦布告した。

清国の反乱に多数の兵を送り、「極東の憲兵」と化した日本

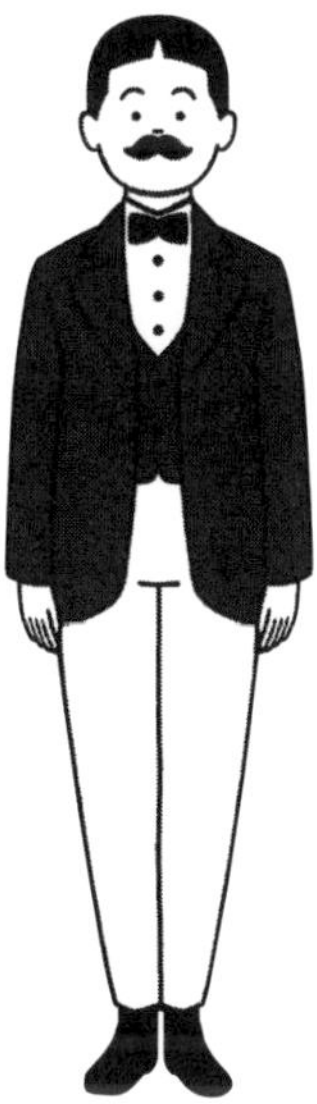

関口　さて、舞台は再び日本から中国に戻ります。日清戦争で日本に敗れ、多額の賠償金を背負った清国ですが、ヨーロッパ列強が入り込み、要衝地を租借して植民地化が進んでいました。これに反発したの

が、義和団という宗教団体です。義和団は「扶清滅洋＝清朝を助け、西洋を滅ぼす」をスローガンに、貧農たちと結びついて外国人やキリスト教徒などを襲い、排外運動を拡大。その勢力は日増しに増大して、一説には二〇万人にもなったとか。そんな中、清国の実権を握っていた西太后が義和団を支持して、なんと列強に宣戦布告する。これが「北清事変」ですね。

保阪　義和団は天津や北京にも進出して、列強の公使館が集まる区域を包囲したため、各国の公使館員や住民などが籠城に追い込まれてしまいます。そこで明治三三年六月、欧米列強と日本は八ヵ国連合軍を結成して、清国へ派遣するのです。

関口　宗教団体の反乱が、連合国軍との戦いにまで発展したのですか。

保阪　でも、連合軍が天津を占領して北京に総攻撃をかけはじめると、西太后はさっさと北京から脱出して、西安に逃げてしまいました。

関口　さすがに「これは勝てない」と思ったのでしょうか。そもそも義和団はそれほどの装備や武器を持っていないでしょうしね。

北清事変に参加した「連合軍」

豆知識　連合軍の「八ヵ国」とは、イギリス・アメリカ・ロシア・フランス・ドイツ・イタリア・オーストリア＝ハンガリー帝国・日本。

保阪　ええ。義和団というのは中国古来の宗教団体ですし、清国全体を支配するほどの力を持っていたわけではありません。一方、連合軍は約三万〜四万もの兵を投入して戦いましたから、とても敵わなかったでしょう。実は連合軍の兵のうち、半数近くの一万二〇〇〇〜一万三〇〇〇人は日本軍でした。その次がロシアの七〇〇〇人。つまり、連合軍とはいえ、日本とロシアが中心だったのです。

関口　日本とロシアは清国に大きな利害関係がありますからね。

保阪　出兵比率そのものが両国の思惑を物語っています。

関口　日本としては、ロシアが出てくるなら我々も、ロシアとしても日本が出てくるなら我々も……という感じだったのでしょうね。

保阪　相当数の兵を送った日本には、もちろん自分たちの権益を守るという目的もありましたが、世界に対して「列強の一員である」ことを証明する狙いもあったと思いますよ。実際、この後の日本は「極東の憲兵」として世界から評価されることになりました。

関口　それまで不平等条約の下で「一流国ではない」と言われつづけ

豆知識　当時、イギリスは南アフリカでボーア戦争を、アメリカはフィリピンと戦争していたため、清国への出兵数は少なかった。

てきた日本が、この事変で一気に名を上げようとした。日本にとってもこの反乱は都合が良かったわけですね。

鉄道の防衛を口実に居座るロシアと日本の対立が激化！

関口　さて、戦いからわずか二ヵ月後の八月、連合軍が義和団を制圧。翌年九月、清国との間に「北京議定書」を締結します。内容は多額の賠償金の支払いで、清国の国家予算の約四年半分に上ったそうです。さらに北京など一部の都市に各国軍隊の駐留が認められました。

保阪　それが新たな紛争の元になるのです。北京議定書では駐留しても良い地域が定められましたが、それ以外の地域に自国軍を駐留させる国が出てきました。ロシアです。ロシアは「鉄道の防衛」を口実にして最大一六万人の兵を送り込み、清国の東北部の旧満州を軍事占領してしまったのです。

豆知識　清国が払う賠償金は、4億5000万両（利息込みで9億8000万両）。これは当時の清国の国家予算の約4・5年分で、39年分割が決まった。これにより、清国の植民地化はさらに強まった。

関口　旧満州には駐留が認められていないのに、軍隊が居座りつづけたのですね。それにしても、ロシアはずっと南下を狙っていますよね。我々が想像する以上に、彼らは不凍港を獲るのに必死なんだな！

保阪　そうです。そして、それが日本との間で対立を生むわけです。日本は南下してくるロシアを警戒して、自分たちの利益線を守ろうとしますから。

関口　この図にもある、主権線や利益線というのは何ですか？

保阪　主権線というのは、国家の主権のおよぶ範囲のことです。その主権線のガードを堅くするために、軍事的支配を受けない安全地帯を作らなければいけない。それが利益線です。明治二三年の第一回帝国議会で山縣有朋は、「国家の独立自営の道には、この主権線と利益線を守ることが大事だ」と演説しています。

関口　日本の利益線に、朝鮮半島がすっぽり入ってしまいますよ。

保阪　山縣は、その利益線の中心が朝鮮にあると言っていたのです。結局、明治時代の日本人というのは、外国との折衝の際にどうしたら

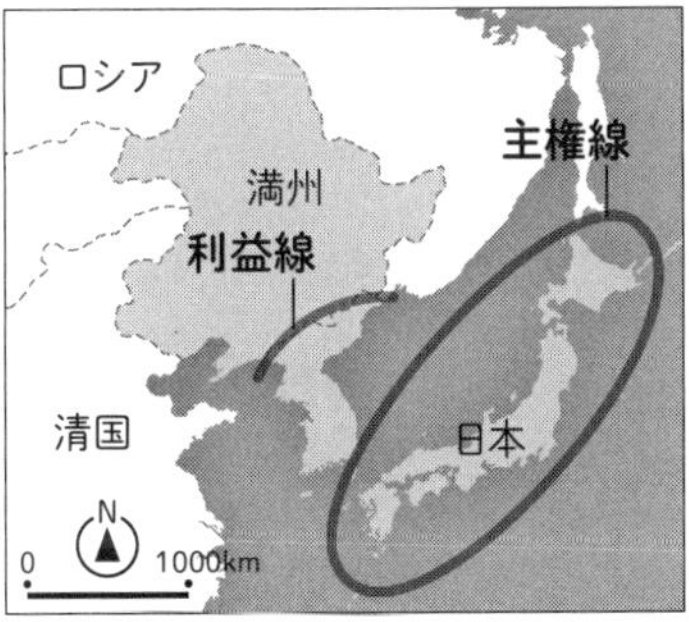
ロシア
満州
利益線
主権線
清国
日本
N
0
1000km

主権線と利益線

良いのかというルールをまったく知らず、他の国の見よう見まねでやってきたわけですね。下手をしたら、帝国主義的国家の植民地にされてしまうかもしれない。この恐怖感が、明治政府の指導者たちの根幹にあったのだと思います。

関口　主権を侵されることへの恐怖が強かったのですね。

保阪　そのためには、日本も帝国主義的な性格を持たなければ生きていけないと考えるわけです。

関口　欧米列強のレベルに追いつくことが大事だと。

保阪　第一回帝国議会で、山縣はこうも語っています。「日本はこれから二十余年にわたり、国家を充実しなくてはならない」。そのためには軍事と教育を徹底的に変え、力をつけていかなければいけないと言い、日本が西洋のレベルに達するための時間が二〇年だというのです。そういった思いが政策の基盤になり、国を動かしていきました。やがてその政策は、ロシアやアメリカといった大国との戦いに発展していくのです。

37

大正天皇妃は高円寺村で育てられた「健康優良児」

明治三三年
1900

大正天皇ご成婚……一九〇〇年五月一〇日、後の大正天皇である嘉仁《よしひと》親王が、公家の九条《くじょう》家の四女、節子《さだこ》さんとご成婚。

病弱だった皇太子のお妃候補に
ドイツ人医師がお墨付き！

関口　さて、中国で義和団の乱が起きている最中、日本国内は祝福ムードにありました。後の大正天皇となる嘉仁親王が成婚され、五月一〇日に婚礼が行われたのです。

保阪　お相手は公家の九条家の四女、九条節子さん、一五歳。皇太子は二〇歳でした。

関口　お二人とも若いですね。皇太子が病弱だったために、早めのご成婚を、という狙いがあったそうですが。

保阪　まあ、この当時の天皇家にとっては、二〇歳での結婚は遅いとまではいきませんが、決して早いとは言えないんですね。やはり、お世継ぎをつくらなければいけませんから。しかも、明治天皇も大正天皇も、男子の中で成人したのはご自身だけだったのです。

嘉仁親王と九条節子さんの結婚

豆知識　1900年5月10日、神式の婚礼が皇居で行われた。皇太子と皇太子妃は青山御所から皇居に馬車で参内したが、その道中は皇太子の婚礼を祝福する大勢の市民で埋め尽くされた。現在広く行われている神前結婚式は、この皇太子の結婚から始まった。

関口 そのころは、子どもはたくさん生まれても、幼少期に亡くなることが多い時代でしたよね。明治天皇の皇后は昭憲皇太后ですが、お子さんはいらっしゃらなかった。側室には柳原愛子さん、橋本夏子さん、葉室光子さん、千種任子さん、園祥子さんの五人がいました。

保阪 この側室の方たちが五男一〇女の計一五人の子どもを産みましたが、そのうち一男一女の二人は死産、三男五女の八人が夭折。そして皇子の中で育ったのが、嘉仁親王お一人だったわけです。

関口 そして、その皇太子妃になられた九条節子さんという方ですが、活発な方だったそうですね。

保阪 非常に活発な方でした。この方は、九条通孝という公爵の四女です。ご出身の九条家というのは、鎌倉時代の藤原氏の流れをくむ五摂家の一角をなす名家ですが、側室のお嬢さんということで、五歳まで東京・杉並の高円寺村にある地主の家で育てられたんですね。その地域の子どもたちと毎日土遊びしたり、走り回ったりして、日に焼けて元気なお子さんだったそうですよ。

豆知識 五摂家とは、鎌倉時代の藤原氏一族の中でもっとも天皇に近いとされる近衛家・九条家・二条家・一条家・鷹司家の5つの家。後に内閣総理大臣となる近衛文麿も五摂家の出身。

関口　大正天皇は、幼少のころから病弱だったそうですね。だから、お妃にはぜひ元気で健康な方を迎えたいという周囲の期待があった。

保阪　ドイツの医学者で、日本に招かれたお雇い外国人の一人だったエルヴィン・フォン・ベルツは、当時、天皇家の顧問医師のような役割を担っていました。そのベルツの日記を読むと、明治天皇から直々に、「九条節子さんはどうか」と聞かれたというのです。するとベルツは、「あの子は身体の骨格もしっかりしているし、何人もの皇子をお産みになるでしょう」と、太鼓判を押したと言います。

関口　その言葉通り、貞明皇后となられた九条節子さんは、昭和天皇、秩父宮雍仁親王、高松宮宣仁親王、三笠宮崇仁親王という四人の皇子を産みました。

保阪　それまで天皇というのは側室を持つのが一般的なスタイルでしたが、大正天皇は貞明皇后の他に側室を持ちませんでした。そうなると、なおさら皇后の大切なお役目は、お世継ぎを産むということになったのでしょうね。

豆知識　エルヴィン・フォン・ベルツはドイツの医学者。明治9年、東京医学校教師に迎えられて来日、その後4年間、宮内省御用掛を務めた。計29年にわたり日本で医学を教え、医学界の発展に尽くした。

38

二〇名中一九九名が死亡 八甲田山死の雪中行軍

明治三五年 1902

八甲田山死の行軍……一九〇二年一月、雪中訓練のため、青森の屯営を出発した歩兵第五連隊が八甲田山中で遭難、将兵一九九名が死亡した。

軍の怠慢と精神主義が大惨事を引き起こした？

関口　さて、この時期には後に小説や映画にもなった、あの悲惨な事件が起こっています。八甲田山の雪中行軍事件です。明治三五年一月、陸軍の青森歩兵第五連隊が吹雪の中、青森の屯営と八甲田山の田

代新湯を往復する軍事訓練中に遭難したのですね。

保阪　日本の冬季軍事訓練において、最大の死傷者を出したと言われる山岳遭難事故でした。

関口　参加していた二一〇名のうち一九九名もの兵が亡くなってしまったと言いますから、まさに未曽有の大惨事ですよ！　厳寒の時期に雪中行軍を行ったわけですが、訓練といいながら、かなり無茶なことをやっていますよね。

保阪　この事件の経緯を見てわかるのは、こういった過酷な訓練を行う際にも、科学的な検証や客観的な分析がきちんと行われていなかったということです。これはやはり、日本軍の致命的な欠陥の一つと言えると思いますよ。

関口　僕は高倉健さん主演の映画も観ましたが、実際の行軍でも、猛吹雪と深雪でほとんど前に進めない状況だったようですね。しかも、途中で遭難して隊がバラバラになり、凍死者や行方不明者が続出し

八甲田山を行軍する弘前歩兵第31連隊。同時に行軍した青森歩兵第5連隊が遭難した

た。後に「死の彷徨」と呼ばれたほど、悲惨な行軍だったと。

保阪　事前にきちんと検証や分析もせずに、激しい雪の中を二〇キロもの行軍を行ったわけです。少し厳しい言い方かもしれませんが、軍部に大きな油断があったとしか考えられません。

関口　「気合で何とかしろ」という根性論でしょうか。この雪中行軍は、冬季のロシア戦に備えた訓練だったということですが。

保阪　もしもロシア軍が日本に侵攻してきて、青森の海岸沿いのルートがロシアに押さえられたら、八甲田山系を越える内陸ルートを確保しなければいけない。この訓練の主眼点は、冬季にそのルートを使って人力で物資の運搬ができるかを調査することでした。

関口　当時の仮想敵国として、ロシアがかなりリアルな存在だったということですね。

保阪　私たちが考える以上に、当時の軍部にはロシアに対する強い警戒心があり、実際、近い将来軍事的な衝突を予想させるような流れがあったということでしょう。

豆知識　当日は大暴風雪を伴う巨大な低気圧が接近しており、行軍隊は途中で猛烈な地吹雪にあって方向を見失った。食料は凍り付いて食べられず、飢えや疲労、凍傷、低体温症によって死亡者が続出。生き残った11名のほとんども、凍傷のため両手足を切断した。

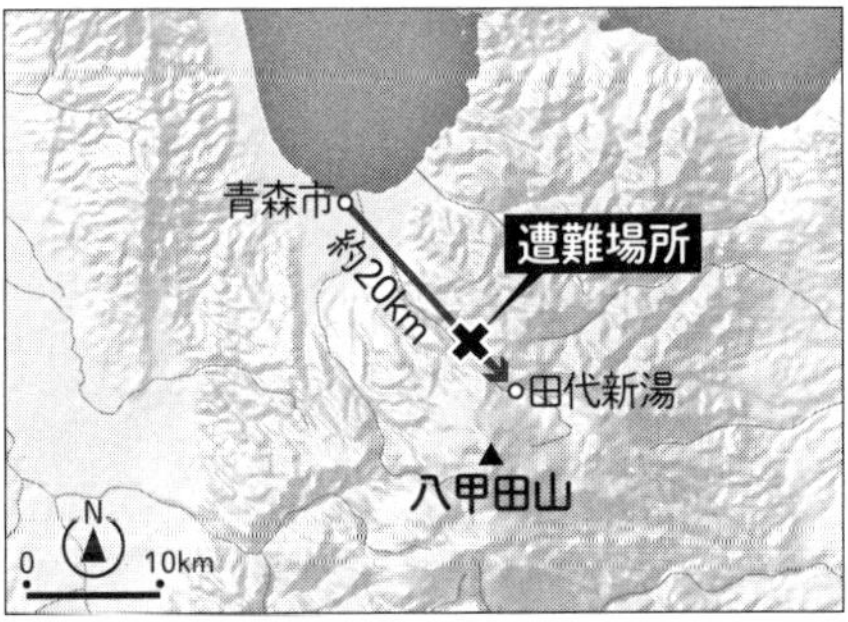
青森市
約20km
遭難場所
田代新湯
八甲田山
N
0
10km

「軍大臣は現役軍人から」軍の暴走を許した制度とは？

保阪　そもそも、この時期は軍部の発言力が大きくなっていた時期でもありました。ちょうど同時期には「北清事変」（226ページ参照）で日本軍が大活躍していましたし、さかのぼって明治三三年五月には、総理大臣の山縣有朋によって「軍部大臣現役武官制」という制度がつくられています。これは陸軍・海軍の大臣を、現役の大将と中将に限定するという制度です。

関口　軍人ではない政党員が、陸軍や海軍の大臣になって軍に政治の影響が及ぶのを防ごうとしたということですか。予算の確保という意味でも、軍人の大臣が必要だったわけですね。

保阪　陸海軍の現役の軍人でなければ、予算面で政府の言うことを聞いてしまいますが、それでは困るということです。また軍の人事や編成、作戦などにも大臣は関わってきますから、そこにも口を挟んではしくない。そのため陸海軍大臣は現役の軍人でなければならない、そこは絶対に譲れない……というのが、山縣有朋の強い主張でした。

関口　山縣有朋という人は、生粋の軍人でしたね。

保阪　ええ。近代軍制の基礎を築いた山縣有朋の一貫した方針は、軍の独立でした。それまでの軌跡を見ても、明治一一年には陸軍卿だった山縣が天皇直属の参謀本部を創設していますし、明治一五年には軍人勅諭の起草を命じ、天皇による軍の統率を強調しています。さらに、明治二二年の「大日本帝国憲法」では、軍隊の統帥権の独立が規定されました。こうした経緯を経て、形式上軍の統帥権は天皇にあるものの、実質的には軍部の権力が増大していくという体制ができあがっていくのです。

関口　そういえば、明治三一年には大隈重信と板垣退助による隈板内閣が誕生したそうですね。でも、この二人は軍人ではなく、政党出身でしたよね？

保阪　そうです。この隈板内閣は日本ではじめての政党内閣でした。そのため、軍人ではない政党員が軍の大臣に指名される可能性も出てきたわけです。そこで隈板内閣の解散後、次の総理大臣に就任した山縣は、軍部大臣現役武官制を成立させたのです。

関口　しかし本来は、軍人ではない人から大臣を選んだほうが、「シビリアンコントロール（文民統制）」が成り立ちますよね。

保阪　ええ。政党が陸海軍の大臣の任免権を持っていれば、軍部の政治への介入を抑えられ、シビリアンコントロールが可能になります。この時期は日本で文民統制が可能になるかどうかの瀬戸際でしたが、統帥権が独立した形になり、それがどんどん拡大解釈されるようになって「政治は軍のやることにいっさい口を挟むな」となってしまった。

関口　軍が、政治の行方を左右することになるわけですね。

保阪　基本的には、常に軍部が政治を押さえている形になりました。

関口　軍部独走の出発点がこの時期だったということですね。

豆知識　明治31年、自由党と進歩党が合同して巨大民党・憲政党を結成し、大隈内閣を組閣した。進歩党トップの大隈重信が首相兼外相、自由党トップの板垣退助が内相に就任するも、内部分裂し、わずか4ヵ月で崩壊した。

隈板内閣を組閣した大隈重信と板垣退助

39

明治三五年 1902

夏目漱石が見抜いた「日英同盟」の真の姿

日英同盟……一九〇二年一月、日英同盟を締結。イギリスの清国における権益と、日本の清国・大韓帝国における権益を互いに承認した。

「ロシアの栗を取ってこい！」
日本は英国のガキの使い？

関口　八甲田山の事件が起きた頃、国外でも大きな出来事が起きています。日英同盟です。なぜ大国のイギリスが、遠く離れた日本と同盟を結んだのでしょう?

保阪　日本は明治二七年にアメリカと日米通商航海条約を結んでいますが、それは経済に関する協定でした。でもこの日英同盟は、ある意味で軍事同盟なんですね。イギリスの清国における権益と、日本の清国・大韓帝国における権益を相互承認するだけでなく、どちらかが戦争になったときには、相手が一ヵ国なら中立を守り、相手が二ヵ国以上なら参戦するという、軍事的な結び付きを強めるものでした。

関口　でも、イギリスはどの国とも条約を結ばない「光栄ある孤立」という外交姿勢をとっていましたよね。イギリス側に、同盟を結ばなければいけない理由があったのでしょうか？

保阪　イギリスは、日本を使って自分たちが持っているアジアの権益を確実なものにしようとしたのでしょう。また世界戦略としては、ロシアの南下政策に対する警戒心がありましたから、日本のことを、ロシアを防ぐ「盾」にしようとしたのでしょう。

関口　うーん、日本は盾ですか！　これ（次ページ参照）は当時描かれた風刺画ですが、ロシアが栗を焼いていますね。それを「取ってこい！」

豆知識　日英同盟締結までの日露関係……明治8年、「樺太・千島交換条約」で千島列島は日本領に、それまで両国民混住だった樺太はロシア領になる。明治28年、日清戦争で日本が勝利するが、ロシアなどの三国干渉により日本は遼東半島を清国へ返還。明治31年、ロシアは清国から遼東半島の旅順・大連を租借。明治33年、ロシアが満州を占拠。

とけしかけているのがイギリスです。これ、日本はガキ扱いですよ！

保阪　実は当時、それを見抜いてズバリ指摘していたのが、作家の夏目漱石です。彼はこんなことを書いています。世界を動かしているイギリスが、なぜ我々のような極東の小国を紳士として扱い、条約を結んだのか。そこにはイギリスの大きな計算がある。それを我が国はわからずに有り難がっているのだろう、と。

関口　実際、日本はこの程度の扱いだったのかもしれませんね。

保阪　日本国内でも、実は条約を結ぶまでは大きく意見が分かれていました。総理大臣の桂太郎や軍人の山縣有朋は日英同盟を支持していましたが、

風刺画「火中の栗」

夏目漱石

豆知識　ビゴー作の日英同盟の風刺画。ロシアが栗を火で煎っており、日本がイギリスに背中を押されて栗を取りに行こうとしている（栗は韓国を表している）。イギリスの横で情勢を窺うのはアメリカ。

元総理大臣の伊藤博文や、閣僚を歴任した井上馨などは、ロシアと条約を結んだほうが国益につながると主張していました。特に伊藤は、ロシアの満州支配を認める代わりに日本の朝鮮半島支配を認めてもらうという「満韓交換論」を唱えました。

関口　伊藤や井上は、なぜロシアに近づこうとしたのでしょう？

保阪　伊藤や井上は、近代日本を作り上げた熟練の政治家です。ロシアという国の怖さを肌身で知っていましたから、争いを避けようとしたのでしょう。それに対して、山縣は伊藤らとほぼ同世代ですが、桂太郎や児玉源太郎、小村寿太郎といった面々は、幕末維新の時には少年だった者たちです。彼らは明治初期に官僚や軍人となり、日清戦争を計画しましたが、次にはロシアとの対決を考えはじめるのです。

関口　伊藤や井上の次の世代ですね。

保阪　ええ。私はこの時期が明治時代のターニングポイントだったと思っています。明治維新を成し遂げてきた人たちの世界が終焉を迎え、新しい世界の地図を作ろうとする人々が登場してきたのです。

桂太郎総理

元老井上馨

関口　なるほど。それで伊藤はどうしましたか?

保阪　伊藤は自らロシアに交渉しに行くのです。でも、交渉は失敗します。ただ彼が政治家として優れていると思うのは、この後です。

　今度は日英同盟の締結に向けて積極的に協力していくのです。伊藤博文は明治三〇年代には徐々に政治的影響力を失っていきますが、自説が受け入れられないからといって遠ざかるのではなく、次の世代にも協力する。こうした器の大きさを見ると、伊藤博文という人は、やはり明治を代表する政治家だったと思いますね。

関口　でも、日英同盟後もロシアは満州を占拠していますよね。それで、日本でもロシアとの戦争を望む声が強くなっていったのですか。

保阪　ええ、有力紙に載るのは対露開戦論ばかりでした。中でも話題になったのが、六月に各紙に掲載された「七博士意見書」です。東京帝大の戸水寛人博士らが桂内閣の外交を軟弱だと糾弾し、ロシアに対しては武力で強硬に対抗するべし!　と迫ったのです。

関口　国民からの反響はどうでしたか。

日英同盟協約書

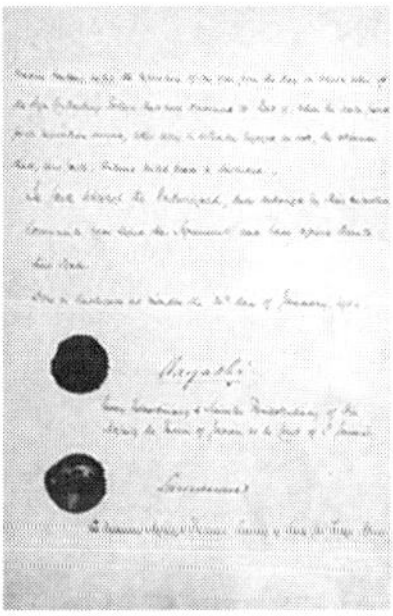

戸水寛人

豆知識　明治36年6月10日、東京帝大の戸水寛人博士ら7名が「七博士意見書」を総理に提出。桂内閣の外交を軟弱であると糾弾し、ロシアの満州からの完全撤退を唱え、対露武力強硬路線の選択を迫った。

保阪　もともとロシアが満州を不法に占拠していたため、国民の間でも主戦論が主流でした。ですから反響も大きかった。キリスト教思想家の内村鑑三や社会主義者の幸徳秋水などは平和主義や反戦を訴えていましたが、当時は非開戦派のほうが少数派でした。

関口　こうして日本はロシアとの戦争へ突き進んでいくわけですね。

萬朝報

主戦論に転じた萬朝報（明治36年6月30日付）

内村鑑三

豆知識　内村鑑三は日清戦争には賛成だったが、戦後、「朝鮮独立のために北京政府と戦うという動機は口実で、義戦ではなかった」と批判を始め、ロシアとの主戦論にも反対するが、勤め先の「萬朝報」が主戦論に転じたため退社。

40

日露戦争開戦！ 大活躍した元大工たちの「工兵隊」

明治三七年
1904

日露開戦……一九〇四年二月四日、日本は御前会議でロシアとの開戦を決定。八日、日本軍の旅順攻撃より日露戦争が始まる。

南下政策を続けるロシアに危機を感じた日本が先制攻撃！

関口　いよいよ日本とロシアとの戦争が始まるわけですが、それに至るまでには、さまざまな駆け引きがあったわけですよね。

保阪　ええ、列強も満州を占領していたロシアに圧力をかけ、一度は撤退の公約を交わしますが、ロシアはそれも破って占領を続けます。さらにロシアは韓国に軍事基地を建設して、南下政策を進めていきます。そこで日本は、ロシアの満州支配と日本の朝鮮支配を相互に承認しようと提案するのですが、それも拒絶されてしまった。それが明治三六年一〇月。そして一二月、日本は連合艦隊を編成します。

関口　このままロシアの南下を許していたら大変だ！　と。

保阪　二月四日には、ついに緊急御前会議で開戦を決めます。

関口　でも明治天皇は、日清戦争のとき以上に戦争に乗り気ではなかったそうですね。「今回の戦は朕が志にあらず」と侍従に吐露し、祖先や国民に申し訳ないと嘆いています。ただ、軍は天皇の軍隊ということになっていますから、天皇が反対なら、戦争はできないのでは？

日露戦争

明治37年	2月4日	午前会議で開戦決定
	2月8日	**仁川・旅順の海戦**
	2月10日	宣戦布告 日本軍総力戦へ
	5月1日	**鴨緑江渡河作戦**が成功
	5月26日	**金州・南山攻略戦**
	8月10日	**黄海・蔚山沖**で海戦
	9月	与謝野晶子「君死にたまふこと勿れ」発表
明治38年	1月	**旅順陥落**
	1月22日	「血の日曜日事件」 第一次ロシア革命
	3月	**奉天会戦**
	4月	**日本海海戦**
	9月	ポーツマス講和条約 締結

豆知識　この時の御前会議のメンバーは、伊藤博文（長州）、山縣有朋（長州）、井上馨（長州）、大山巌（薩摩）、松方正義（薩摩）の五元老、さらに桂太郎首相（長州）、曾禰荒助蔵相（長州）、寺内正毅陸相（長州）、山本権兵衛海相（薩摩）、小村寿太郎外相（日向）の五閣僚、そして明治天皇だった。

保阪 普通に考えれば、そう思いますよね。でも、近代日本における天皇制では、軍事や政治の大権は臣下の者に託して、委ねています。ですから臣下の者が「戦争の選択しかない」と言ったら、天皇は反対しない。そもそもそういう発言をしない、という制度だったのです。天皇の名において行われていた政治や軍事であっても、天皇の意思で行われていたわけではない、という複雑さがあったのです。

大国ロシアに挑む小国日本、
戦術と工兵技術が勝利のカギ！

関口 でも、日本とロシアには軍事力に大きな差がありましたね。ロシアの兵士の数は日本の二倍以上、軍艦や兵器の差も歴然ですよ。

保阪 一般的に考えれば、ロシアが勝つのが当然です。

関口 ただロシアは巨大な国ですから、欧州にも目を光らせる必要がありますよね。極東に配備できる軍備は一部だけだったのでは？

御前会議

保阪　確かにそうです。また、軍事大国だったロシアは、小国である日本には精鋭部隊をつぎこまなくてもいいと侮っていました。

関口　日本は侮られていたんだ。それを知っていたのかな？

保阪　実は日本は、ロシアに侮られている悔しさをバネにしていたのです。日露戦争とは、大国であるロシアの油断と、新興国である日本の必死の努力。その対比が極端に出た戦争だったとも言えます。

関口　では、日本の開戦派はどこに勝機を見ていましたか？

保阪　大本営の参謀たちは、二つのことを考えていたと思います。ひとつは戦略や戦術です。彼らは巨大なロシア軍のどこに弱点があるかを必死に考え、ロシア軍の戦略の再検討や、兵士たちの心理分析を徹底して行っていました。もうひとつは政治です。これは勝つまでやる戦争ではなく、どこかで落とし所を見つけなくてはならないから、戦闘を止めるための外交政治が必要になると考えていました。

関口　日露戦争が始まると、日本軍はさまざまな戦いでロシア軍を追い詰めていきます。鴨緑江《おうりょっこう》では、日本軍はわずか一日で二三〇メート

豆知識　日本とロシアの軍事力を全体で比較すると……

総兵力　日本　約100万人
　　　　ロシア 約207万人
軍艦　　日本　約24万6000トン
　　　　ロシア 約51万トン
火砲　　日本　636門
　　　　ロシア 約1万2000門

ルの橋をかけて、四万二〇〇〇人の兵を数時間で渡河させたと言いますね。それで対岸のロシア軍が陣地を捨てて慌てて撤退したという。この技術力はすごい！

保阪 工兵隊はもともと大工さんが中心の部隊ですが、日本の工兵隊のレベルは驚くほど高いですよ。この鴨緑江渡河作戦の巧みさは海外でも大きく報道されました。後の南山の戦いでも、日本軍は粘り強く戦い、ロシア軍を撤退させています。

関口 旅順戦の要となる二〇三高地は、とくに激戦となりました。

保阪 旅順戦は一進一退でしたが、日本軍は港を見下ろせる二〇三高地からロシア艦隊の総攻撃に成功し、旅順を占領しました。私はこの頂上に立ったことがありますが、兵士たちの覚悟を感じましたね。この丘陵を陥落させるには「自分たちの命はないもの」と腹を決めてロシア軍の砲火と向き合うしかありません。

関口 確かに、日本は旅順攻略だけでも死者が約一万五四〇〇名、戦傷者は約四万四〇〇〇名も出ています。日清戦争を上回る犠牲です。

旅順港

豆知識 旅順戦後、降伏したロシア軍と日本軍による「水師営の会見」が行われ、日本軍司令官・乃木希典とロシア軍司令官・ステッセルが健闘を称えあい、昼食を共にする。この会見は後に唱歌にもなった。

保阪　ええ、この後も日本軍は奉天でロシア軍を退却に追い込みますが、実は日本軍のほうが犠牲者は多かったのです。また、ロシア軍が北方に逃げ込んでも、補給がないために追撃できませんでした。

関口　勝利は勝利でも、辛勝だったわけですね。

保阪　ただロシア側も、旅順陥落が報道されて、一気に士気が落ちてしまいます。社会全体に厭戦《えんせん》気分が広がったのです。

関口　当時、日本については世界でどう伝えられていましたか？

保阪　当初、日本の工兵技術や兵隊の素早い動きについては、むしろ侮られるような形で報道されていました。大きなロシア人に小柄な日本人が立ち向かう無謀な戦いであるといった扱いでした。

関口　日本が勝つわけなどない、と。

保阪　ええ、開戦時に戦費不足を補う目的で日本銀行副総裁の高橋是清が日本公債を発行したのですが、日本勝利の見込みが薄いため、敬遠されていました。しかしあるユダヤ人投資家が、ロシアで虐待されているユダヤ人を救うために大量に購入してくれたのです。そのうち

日銀副総裁だった高橋是清

鴨緑江会戦が欧米の新聞で取り上げられると、日本公債の人気も急上昇します。これによって目標を上回る資金を調達できたのです。

関口　日本勝利の可能性が出てきたと思われたのですね。さて、決戦の舞台は、熾烈をきわめた陸上での戦いから、日本海へと移ります。

水師営会見の乃木希典（２列目中央）とステッセルら

41

明治三八年
1905

欧州最強・バルチック艦隊はなぜ日本海軍に敗れたか

日露戦争の終結……一九〇五年五月二七日、日本の連合艦隊がロシアのバルチック艦隊に勝利する。九月、講和会議でポーツマス条約を締結。

補給不足と疫病で艦隊は疲労困憊、
日本にチャンス到来！

関口　日露戦争開始から一年経ち、ついにロシアは最強のバルチック艦隊を投入してきます。艦隊はバルト海にいたので日本は遠いですが、それでも来る。ロシアも本気を出してきたのですね！

保阪　そうでしょう。しかしバルチック艦隊は、明治三七年一〇月にバルト海を出航して間もなく、イギリスの漁船団を日本の水雷艇隊と間違えて誤射してしまうのです。これでイギリスが激怒し、バルチック艦隊はイギリス支配下にある国々に寄港できなくなります。

関口　そうなると、石炭の補給や整備もままなりませんよね。

保阪　しかもその途中で旅順が陥落したため、艦隊には三ヵ月近くも待機命令が出ます。その間に乗組員の士気は衰え、マラリアや赤痢、腸チフスなども蔓延した。そこで、ロシア海軍は日本との激突を避け、ウラジオストックに入って態勢を立て直そうとします。一方、日本の連合艦隊は、ウラジオストックに逃げ込む前に日本近海で決着をつけて、講和に持ち込もうとします。

関口　連合艦隊の司令長官は東郷平八郎、作戦参謀は秋山

東郷平八郎

日本海海戦における海軍比較

	日本	ロシア
戦艦（総基準排水量、旗艦）	4隻（58,500t、三笠）	8隻（97,170t、スワロフ）
装甲巡洋艦	8隻	3隻
巡洋艦	12隻	6隻
海防艦	5隻	3隻
通報艦	3隻	
駆逐艦	21隻	9隻
水雷艇／特務艦	42隻	9隻
総兵力	95隻（約210万t）	38隻（215万t）

真之でした。そして五島列島の北西でバルチック艦隊を迎え撃つわけですが、両軍の構成を見ると、ロシアの戦艦は八隻で九万七一七〇トン、日本は四隻で五万八五〇〇トン。日本は装甲巡洋艦や巡洋艦が多いですね。

保阪　日本は小回りが利く船をたくさん持っていましたが、海戦ではやはり戦艦が主力になりますから、日本のほうが不利でした。

関口　それでも勝てる自信が、日本にはあった?

保阪　当時の軍人たちの手記では、勝算はないが、五分五分の戦いには持っていけると書いています。戦術や戦略を周到

投降するロシア艦隊旗艦「ニコライ1世」

秋山真之

に考え、訓練を重ねていましたから、士気も相当高かったはずです。

関口　この海戦では奇跡の作戦と呼ばれる「東郷ターン」が使われました。敵の進行方向を横切る形で次々と攻撃を加えていくという作戦ですが、敵に船の横腹を見せるのは危険ではないですか？

保阪　斬新で大胆ですが、大きなリスクも抱えた作戦です。でも、当時のロシア将校の手記を読むと、日本軍の砲撃の命中率の高さに驚いていますから、日本軍はそれだけ訓練していたのでしょうね。

大勝に浮かれる日本だが、「戦勝国ではない」!?

関口　そして結果は、日本の歴史的大勝利です！　砲撃開始後、ロシアはすぐに主力艦を撃沈されて、艦隊は壊滅状態に陥ります。最終的にウラジオストックにたどり着いたのは巡洋艦二隻と駆逐艦一隻のみ。一方、日本は水雷艇三隻を失っただけ。これは圧勝ですね。

豆知識　日本の連合艦隊はほぼ無傷で、海戦史上稀に見る一方的な勝利だった。日本国内は戦勝気分に沸き立った。街には日の丸と軍旗がはためき、若者たちはこぞって海軍兵学校に願書を出した。

この海戦の勝敗は、世界的なニュースになりました。東郷さんは神様扱いになり、東郷神社もできました。

保阪 ええ、太平洋戦争終結までの四〇年間、戦術至上主義の体現者として海軍の神様になりました。ただ東郷は昭和初期にもいろいろと発言していますが、残念なことに、それらは何よりも海軍軍備を最優先するという軍備至上主義的なものでした。海軍の軍人でさえ、東郷のそうした発言は誤りだったのではないかと戦後に書いています。

関口 また、戦艦や兵器の発達とともに戦略も変えていく必要がありますが、このときの作戦が絶対視されてしまったと言いますよね。

保阪 太平洋戦争でも海軍は似た作戦をとっていますし、東郷を神格化するあまり、作戦の批判もタブーになってしまいました。

関口 素晴らしい戦果に酔いしれて、ずっとそのままでいいと思ってしまったかな。何しろあのロシアの最強艦隊を倒したのだから、と。

さて、講和に向けた交渉が始まりますが、アメリカのルーズベルト大統領が仲介に入ったそうです。それはなぜですか。

戦艦三笠

保阪　実は、開戦直後に伊藤博文の密使として司法大臣の金子堅太郎が渡米しているのです。目的は、アメリカ世論を味方につけること。「日本は領土的野心のために戦うのではない。ペリー提督がもたらした門戸開放のために戦うのだ」と、国会など各地を演説して回ったのです。金子はルーズベルトとハーバード大学の同窓生で旧知の仲でしたし、堪能な英語で堂々と演説して、各地で喝采を得ます。翌年には小村寿太郎外相も渡米して、ルーズベルトに仲介を頼みます。

関口　戦いの一方で、戦闘を止めるための政治をしていたのですね。アメリカのポーツマスで行われた講和会議では、小村寿太郎がロシアの全権大使ウィッテと交渉しますが、ウィッテはこう言ったとか。「賠償金は戦勝国に支払われるものだが、そのような状況ではない。第一、敵はロシアの国境の外にいるではないか」。つまり、ロシアに攻め込めなかった日本は戦勝国ではない、ということですかね。

保阪　結局、日本が得たのは、朝鮮に対する日本の支配権をロシアが認めること、満州からのロシア軍の撤退、遼東半島租借権とロシアが

ポーツマス会談

豆知識……講和会議で日本が得たもの「韓国（朝鮮半島全域）の支配権」「旅順・大連の租借権」「長春～旅順の鉄道および付随する権利」「ロシア軍の満州からの全面撤退」「樺太の南半分の領土割譲」「沿海州およびカムチャツカ半島の漁業権」。

建設した鉄道の譲渡などでした。

関口　賠償金までは取れなかった。

保阪　日本はロシアに賠償金を求めましたが、ロシアが「それなら戦争を継続するぞ」と言い出したので、日本は慌てて要求を引っ込めたのです。ルーズベルトもこの程度では戦勝国と言えないと考えて、日本には戦争終結のみで交渉したほうがいいと助言していたようです。

関口　この仲介でルーズベルトはノーベル平和賞を受賞しましたね。

保阪　それだけ日露戦争が注目されていたのでしょう。三八年前までチョンマゲ姿だった国が大国を制したことに、世界が驚いたのです。

豆知識　ポーツマス講和会議の結果は、現状を理解する日本政府高官には高く評価されたが、大勝に浮かれ、賠償金を熱望していた国民の思いとは大きくかけ離れたもので、小村外相は帰国後、「売国奴」「国賊」と罵られ、日比谷焼き討ち事件などの暴動も起きた。

42

ロシアから奪った土地と線路
関東州と満鉄の創設

明治三九年
1906

関東州の創設……一九〇六年九月一日、日露戦争でロシアより得た遼東半島南部を防衛するため、遼陽に「関東都督府」が設置される。

日露戦争後、中国へ本格進出
満鉄は関東州の拠点だった！

関口　日露戦争に勝利して、朝鮮半島と遼東半島からロシアの影響力を弱めた日本。いよいよ本格的に大陸進出を始めますね。

保阪　その足がかりとして、韓国統治も本格化していきます。明治三八年一一月、日本は韓国と「第二次日韓協約」を結び、韓国の外交権を取り上げて、韓国を保護国化します。そして、翌年九月には清国の遼東半島南部に「関東都督府」を設置します。

関口　以前はロシアが占領していたところですね。日露戦争後にロシアが引いたので、日本がそこを関東州とし、関東都督府を作ったわけだ。その軍事部門が後の関東軍になるのですね。

保阪　またこのころ、ロシアが使っていた鉄道を元にして、半官半民の「南満州鉄道株式会社」も設立されます。

関口　有名な満鉄ですね。

保阪　鉄道というのは、軍事的な役割も大きいのです。鉄道があることで物資や人の移動が可能になるのはもちろん、その沿線、ひいては

旅順に設置した「関東都督府」

大連の満鉄本社

豆知識　満鉄・初代総裁の後藤新平は、台湾の植民地政策の責任者としてインフラ整備や産業育成政策などを進め、成功を収めていた。資本金2億円のうち1億円は政府の出資、残りは株式の募集で調達された。

国全体の支配も可能になるからです。満鉄では都市開発のほか、鉱山開発、製鉄所の経営、港の経営、海運業、ホテル経営、理工農学の研究開発、経済政策立案など、多方面で満州の経営に関わりました。

関口　沿線の都市や鉱山の開発は、ロシアもやっていましたね。

保阪　列強はそれぞれの植民地で鉄道を敷き、その沿線に都市を作り、その都市を中心にして支配の枠組みを作っていきました。

関口　日本もそれを踏襲したと。清はそれを黙認していたのですか？

保阪　清国の東北地方は、中央の統治が及ぶ地域ではなかったのです。だからこそ外国が入っていけたとも言えるのかもしれませんね。

仮想敵国はロシアとアメリカ、目指すは世界最大の軍事力

関口　明治四〇年には、日本で「帝国国防方針」というものが策定されます。何だか物々しい名称ですが……。

満鉄総裁・後藤新平

豆知識　この時期はロシアに代わってドイツが勢力を拡大しはじめ、ヨーロッパの新たな脅威になっていた。ロシアはフランス、イギリスと手を組み、力の均衡を図る。また、中国進出に失敗したアメリカは太平洋への進出を進め、日本を敵国視するようになる。

保阪　仮想敵国を想定し、それに対応して軍備拡張を目指すという軍事戦略です。どの国でもそうですが、軍は必ず仮想敵国を作り、その国と同レベルの軍備を保持しようとします。このときの陸軍が仮想敵国としたのはロシアです。それまで一七個師団の編成だったのを、平時には二五師団、戦時には五〇師団まで増設することを要求しました。

関口　ロシアの脅威は依然、大きかった？

保阪　当時のロシアは、世界最大の陸軍を保有していましたからね。一方、海軍の仮想敵国はアメリカでした。

関口　でも、アメリカは日露戦争では力になってくれましたよね？

保阪　日露戦争まで友好的だった日米関係は、戦後に変化していました。実はアメリカも満州経営に割り込もうとしたのですが、失敗に終わります。それが原因で日米関係は急速に悪化していたのです。日本を警戒するアメリカは、太平洋進出のためハワイに軍港を作ります。

関口　アメリカの軍事力は当時から大きかったのですか？

豆知識　「帝国国防方針」は、日露戦争後の長期国防方針として山縣有朋が陸軍中佐の田中義一に策定を指示。東アジアでの国権拡張を図り、それを脅かす外国に攻勢をとることが目的だった。海軍はそれに対抗し、連合艦隊の参謀を務めた秋山真之が中心となって案を策定した。

帝国国防方針を策定した田中義一

保阪 ええ、海軍は世界最強でした。そこで日本海軍も戦艦八隻、装甲巡洋艦八隻の建造を新たに要求します。これでアメリカと戦火を交えることがあっても、五分五分で戦えるはずだと想定したのです。

関口 陸軍、海軍ともに、かなりの軍備拡大要求ですね。

保阪 陸海軍とも、非常に無茶な数字です。結果的には予算不足で、陸軍は二個師団の増強、海軍は戦艦一隻、巡洋艦三隻の建造でした。

関口 軍の要求すべては通らなかった。

保阪 しかしその後、軍部の影響力はさらに強くなっていきます。九月には軍令第一号「軍令ニ関スル件」が公布されました。これは統帥権独立の根拠とされる法律で、軍部から出された命令は天皇の「統帥大権」に含まれるという内容です。

関口 つまり、天皇の許可を得ているから、内閣や議会を通さなくてもいいということですか？ たとえば、戦争に必要だから航空母艦を一〇隻作ってほしいと軍部が要求したとしますね。それに対して、我が国にはそんな金はないと政府が拒否したら、どうなります？

保阪　「統帥権干犯！」となるわけです。これは天皇陛下のご裁可であるから、政府は言われた通りに作ればいいということです。

関口　そうなると、軍と政治の軋轢《あつれき》が生まれますね。

保阪　国力を無視した世界最大の陸海軍を目指す日本は、こうして軍拡の歯止めが利かなくなっていくのです。

43

明治四〇年 1907

韓国の皇太子・李垠と日本の姫君・梨本宮方子の結婚

韓国皇太子来日……一九〇七年一二月、韓国の皇太子・李垠《りぎん》が来日。学習院や陸軍士官学校で近代教育や軍人教育を受け、後に皇族女性と結婚。

来日した韓国の皇太子に
伊藤博文が与えた帝王学

関口　日露戦争終結から二年後、韓国の皇太子、李垠さんが日本へ留学にやって来ます。この時期の日韓関係って、どんな感じでしたか？

保阪　ここに至るまでには、実は緊迫した日韓関係があったのです。

この半年前の明治四〇年六月、「ハーグ密使事件」が起こります。これは第二次日韓協約で日本に外交権を奪われた韓国がその復権を狙い、オランダで開催されていた万国平和会議に三人の密使を送ったという事件です。韓国の密使は列強各国に働きかけて、会議へ参加する権利と第二次日韓協約の無効を訴えますが、各国は密使が会議に参加するのを拒否し、韓国は国際的信用を失ってしまうのです。

関口 韓国は日本の横暴を訴えたかったのに、失敗してしまった？

保阪 ええ、密使を送った高宗は日本によって退位させられ、その長男の純宗が即位します。その純宗に子どもがいなかったため、異母弟の李垠が皇太子となったのです。翌月には第三次日韓協約が結ばれ、日本の支配はさらに強くなります。韓国統監府が内政指導も行うようになり、法律制定や国の行政、官僚の任免についても、日本の承認がなければ行えなくなりました。軍隊も解散させられます。

関口 いよいよ日本の韓国支配が確立するわけですか。

保阪 そんな中、韓国統監府の初代統監、伊藤博文が韓国の皇太子、

豆知識 明治38年11月の第2次日韓協約締結後、日本は漢城に韓国統監府を設置、韓国の外交権を掌握する。韓国の内政指導や司法権・警察権の委任を受けるなど、その権限は徐々に拡大されていった。

李垠を日本に留学させて、自分が保護者代わりになったのです。

関口 なぜそんなことをしたのでしょう?

保阪 いずれ指導者になる李垠に、しっかりとした近代教育を受けさせたかったようです。伊藤は李垠を日本各地に連れて行き、さまざまなことを教えたと言われています。

関口 この李垠さんは学習院に入学したそうですね。

保阪 学習院の後には陸軍士官学校で軍人教育を受け、陸軍に入隊し、中将にまで昇進しています。

関口 その意味では、伊藤は本当に保護者のようですね。

保阪 明治天皇や皇后も李垠を大変かわいがりましたし、当時皇太子だった大正天皇も、わずか一〇歳で家族と離れて暮らす李垠がかわいそうだと言って、自ら朝鮮語を習ったそうです。二年ほどでマスターして、自由に朝鮮語で会話ができるようになったとか。

韓国皇太子李垠と伊藤博文

豆知識 陸軍に入隊した李垠は、太平洋戦争で将校の任につく。戦後、李垠は韓国への帰国を望んだが、認められなかった。帰国できたのは終戦から18年後、日韓国交正常化交渉が始まってからだった。

関口　ちょっと心温まるエピソードです。

保阪　ええ、このように伊藤の父親的な自負や大正天皇の思いやりを示す話もあるのですが、こういう話で日本の植民地支配をごまかそうとしていると非難する人もいますね。しかし私はこうした個人的な善意は歴史上の善悪とは次元が違い、そうした意図はなかったと思います。

関口　李垠さんは大正九年に皇族の梨本宮方子《なしもとのみやまさこ》さまと結婚しますね。

保阪　韓国皇太子と日本の皇族の結婚は、日韓関係の象徴でした。

朝鮮の内政まで支配する日本への抵抗運動が激化！

関口　しかしこの後、大事件が起こります。明治四二年一〇月二六日、伊藤博文が暗殺されます。実は、前から暗殺の噂があったとか。

保阪　ええ、統監府が韓国の軍を解散させて日本から兵を駐留させたため、行き場をなくした元兵士による抗日運動も激化していました。

梨本宮方子

しかし、伊藤は暗殺の噂を聞いても驚きを示さなかったそうです。伊藤にしてみれば、自分は韓国のことを考えているという思いがあったのでしょうね。というのも、政府内でも「韓国を併合してしまえ」という意見が大多数でした。しかし伊藤は併合ではなく、保護国にしたいと考えていました。主権を奪う併合や植民地と違い、その国の主権を認めたまま外交や内政を指導・監督する形式です。

関口 韓国が近代化するまで日本が監督するということですね。

保阪 伊藤は統監時代、三分の一以上を韓国で過ごして韓国の近代化に取り組んでいます。日本から三〇〇〇万円を借りて道路、鉄道、病院などを建設するほか、普通学校令を公布して一〇〇以上の学校を建設するなど、教育振興や農業改革、インフラ整備を行いました。

関口 伊藤は、なぜそんなに韓国に力を入れていたのでしょう？

保阪 日本は韓国よりも先に自立しましたよね。だから韓国も自立するべきであり、日本はその手伝いをするという考えだったようです。まあ、植民地支配とか帝国主義的支配と言われても仕方のない部分も

豆知識 伊藤博文の遺体はすぐに日本に送られ、11月4日、日比谷公園で神式による国葬が行われた。国葬費は4万5000円（現在価値で約5億9000万円）。国葬は旧藩主や皇族・公家に限られていたため、下級武士出身の伊藤は異例の扱いだった。明治天皇や政府の元勲のほか、約40万人の群衆が見送った。

ありますが、伊藤には伊藤なりの考えがあり、ともに協力してアジアに一つの国家の仕組みを作ろうとしたのだと思いますね。

関口　その伊藤を暗殺した安重根《アン・ジュングン》とは、どんな人物ですか。

保阪　民族運動家です。韓国の内政権や外交権を掌握したばかりか、軍隊をも解散させた日本に猛反発していました。特に、韓国統監の伊藤に強い恨みを持っていて、犯行に及んだのです。

関口　安重根はすぐ捕まったそうです。

保阪　その後旅順で裁判を受け、翌年、死刑になりました。

関口　伊藤は伊藤なりに韓国の独立を思っていたけれど、韓国人からは恨みを買って殺されてしまう。考えさせられる出来事ですね。

保阪　我々はこの事実をさまざまな角度から検証しなければいけないと思いますね。それぞれの立場によって物事の見方はまったく違ってきます。互いの考えの違いを主張し合うのではなく、それぞれの考えを互いに尊重し、折り合いをつけていく努力が必要なのです。

安重根

44

明治四三年
1910

「私には透視能力がある」千里眼事件とハレー彗星大接近

ハレー彗星の接近……一九一〇年五月一九日、ハレー彗星が地球に接近した。ハレー彗星は七五・五年周期で地球に接近すると言われている。

「人類滅亡!?」の大混乱で盛り上がるオカルトブーム

関口　さて、アジアが揺れた明治末期、地球規模でも大きな動きがありました。ハレー彗星の接近です。ハレー彗星は七五・五年周期で地球に接近する彗星で、イギリスの天文学者ハレーがその周期を発見しました。

保阪　そのハレー彗星が地球に接近する際、地球が彗星の尾に包まれることが予測されたのですが、その尾に有毒ガスが含まれていると言われたのです。それによって「人類が滅びるのではないか!?」という不安が世界中で高まりました。特に、フランスの天文学者フレンマリオンの「尾の内に含まれる水素が地球の空気中に存在する酸素と化合すれば、人類は皆窒息して死滅する」という説が有名でした。

関口　それは大変ですね！

保阪　五分間、息ができなくなると言われたのです。

彗星落下說
▽迷信の極度
此程千葉縣下小見川町の某酒店に年齡十八歲位の女一名一升徳利を携へ來り之に五升の酒を容れて與れよと云ふより店の者も之は一升入なれば五升は入らずと斷りしに件の女は必ず入るべしと乞ひて已ざれば店の者も不審の眼に打たれながら注込みたるに果して五升の酒は一滴も溢れず入りたり、女は悠々として代價を拂ひつゝ本年五月十八日に彗星現るべし夫が地に落つる時降り來る毒雨に打たるゝ者は悉皆に罹り立所に死亡すべし然し此危難を免れんと欲せば赤飯を焚き七社參りをなすを可とすと語り終るや其姿は搔き消すやうに失せたりとぞ之を以て同町にては神の御告げなるべしと大騷ぎを始めしより附近なる茨城縣鹿島郡高野村にても之を聞込み狼狽措く所を知らず村民舉つて赤飯を焚きて重箱に入れ七社參りを務し本月八九兩日の如きは是等の參詣人引も切らざりし由迷信も茲に至つては笑ふに堪へたりと云ふべし

彗星接近を報じる新聞

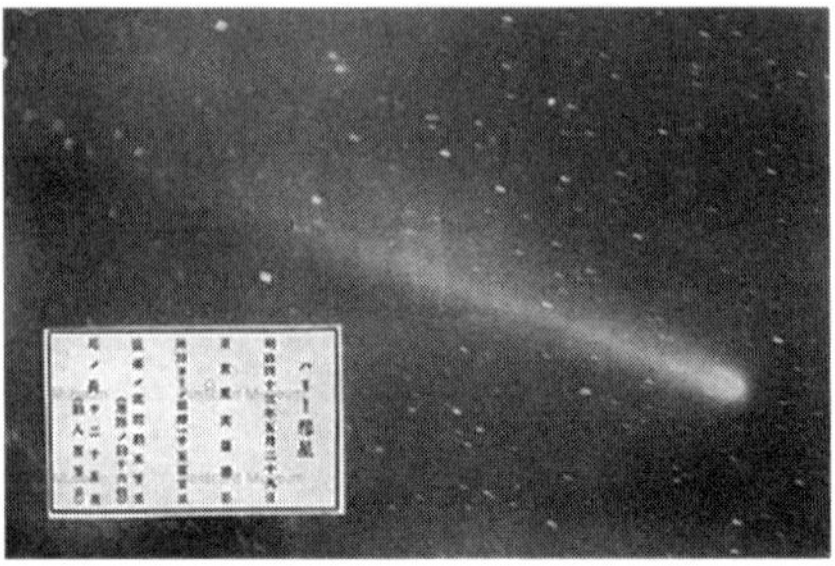

ハレー彗星の接近

豆知識　ハレー彗星は約七五・五年周期で地球に接近する短周期彗星。イギリスの天文学者エドモンド・ハレーは、一六八二年に出現した彗星が過去の記録に残る彗星と同じ彗星だと気づき、周期彗星であることを発見した。

関口　ここに当時の記事がありますが、「赤飯を炊き、七社参りをすれば助かるとして参詣人がひっきりなしになった村もあった」と。

保阪　桶の水で息を止める訓練をする者や自転車のチューブを買い占める者、全財産を花柳界の遊びに使う者も続出したそうです。

関口　五分間、チューブで息を吸っていようと思ったのかな?

保阪　ハレー彗星の発見は近代科学の成果でしたが、それについていけず、非科学的な迷信に走る人も多かったのです。混乱が起きたときには、どうしてもオカルト的なものが注目を集めますよね。

関口　ハレー彗星への恐怖が、オカルトへの関心を引き起こした?

保阪　ええ、実はこの少し前から、日本では不思議なブームが起きていました。透視能力を持つという女性たちが話題になったのです。

関口　ああ、昔よく言われた「千里眼」というものですね。

保阪　発端は御船千鶴子という二三歳の女性で、透視ができる千里眼を持つと大評判になりました。東京帝大や京都帝大の物理学の教授などを巻き込んで、箱の中に入っている紙の字を読み取る透視実験が行

外れた迷信

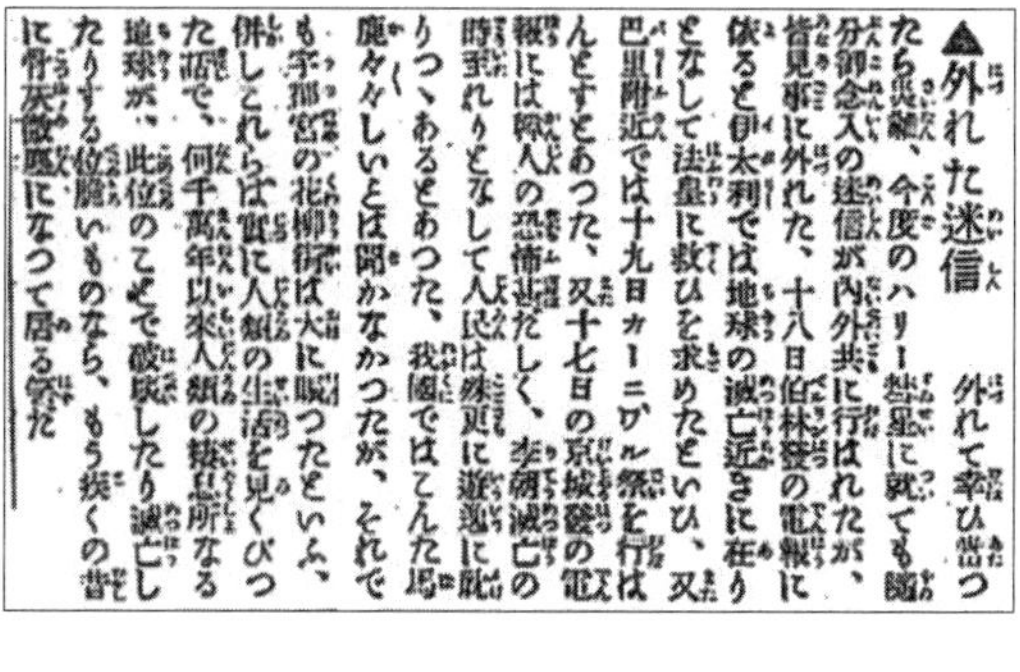
▲外れた迷信　外れて幸ひ当つたら災難、今度のハリー彗星に就ても随分御念入の迷信が内外共に行はれたが、皆見事に外れた、十八日伯林発の電報に依ると伊太利では地球の滅亡近きに在りとなして法皇に救ひを求めたといひ、又巴里附近では十九日カーニヷル祭を行はんとすとあつた、又十七日の京城発の電報には鮮人の恐怖甚だしく、李朝滅亡の時到れりとなして人民は殊更に遊惰に耽りつゝあるとあつた、我国ではてんた馬鹿々々しいとは聞かなかつたが、それでも宇都宮の花柳界は大に賑つたといふ、併しこれらは實に人類の生活を見くびつた話で、何千萬年以来人類の根拠所なる地球が、此位のことで破壊したり滅亡したりする位脆いものなら、もう疾くの昔に骨灰微塵になつて居る筈だ

豆知識　当時の人々がハレー彗星の接近で大騒ぎしたエピソードは、昭和二四年に『空気の無くなる日』という題名で映画化されている。

われ、新聞でも取り上げられたのです。

関口　実験の結果はどうだったのですか？

保阪　実験に不審な行為があったということで不徹底に終わり、本当に能力があるのかどうか、帝大の学者たちの意見も二分しました。

関口　超能力を科学的に解明しようという学者もいたのですね。

保阪　他にも透視能力を持つという女性が登場し、念写実験も行われましたが、結局は手品とかイカサマと非難されることになりました。

関口　まあ、そんな不思議な能力が人間にあるのかどうかはわかりませんが、この当時は偉い学者たちも真剣に議論していたわけですね。ところで、ハレー彗星のほうはどうなりましたか。空気がなくなったなんて、聞いたことありませんが。

保阪　もちろん、何事もありませんでした。この騒ぎでは神にすがる者だけでなく、詐欺や暴力被害、自殺など世界中で大混乱が起こりましたが、実際は地球の大気に遮られて、彗星のガスは地球上に届かなかったのです。三日後の新聞記事には、「今度のハリー彗星についても

御船千鶴子

東京帝大福来教授の著した『透視と念写』

ずいぶんご念入りの迷信が内外ともに行われたが、皆見事に外れた」と書かれています。「伊太利（イタリア）では地球の滅亡近きに在りとなして法皇に救いを求めたといい、また巴里（パリ）附近では十九日カーニヴル祭を行わんとすとあった」と、世界中の動きも伝えています。

関口　日本だけが無知だったのではなく、世界中がそんな状態だったわけですね。ちなみに次のハレー彗星は二〇六一年にやって来ます。

保阪　あと四一年。迷信に惑わされないようご注意ください（笑）。

豆知識　御船千鶴子の能力の調査に乗り出したのは、京都帝国大学の今村新吉教授（医学）や東京帝国大学の福来友吉助教授（心理学）、同大学の山川健次郎元総長（物理学）など。しかし実験の不透明性や不審な行いを非難された御船千鶴子は、服毒自殺を遂げてしまう。

45

明治四三年
1910

体調不良の明治天皇は「大逆事件」を知らされなかった

大逆事件……一九一〇年五月、社会主義者四人が明治天皇の暗殺を計画。計画とは無関係の幸徳秋水らが逮捕され、死刑になる。

天皇暗殺計画を利用して、
国に刃向かう者を一斉弾圧！

関口　大逆事件は、歴史の授業で記憶があるという方も多いと思います。有名な事件ですが、実際にはどんな経緯だったのでしょう?

保阪　桂内閣下で起きた思想弾圧事件ですね。社会主義者の宮下太吉ら四名が労働者の待遇や格差に不満を抱き、天皇を襲うことで国民に訴えようとして、爆裂弾を使った暗殺を計画。しかし、計画から約一週間後に次々と逮捕されます。さらに、暗殺計画と無関係の者も含めて、全国で数百名におよぶ社会主義者や無政府主義者が検挙されたのです。

関口　事件と関係のない人まで逮捕されてしまったのですか。その中に有名な幸徳秋水がいた？

保阪　ええ、政府はこの事件を社会主義者弾圧のチャンスと判断し、天皇に危害を加えた者やそれを企図した者を死刑とする「大逆罪」を適用したのです。日本初の社会主義政党「社会民主党」を結

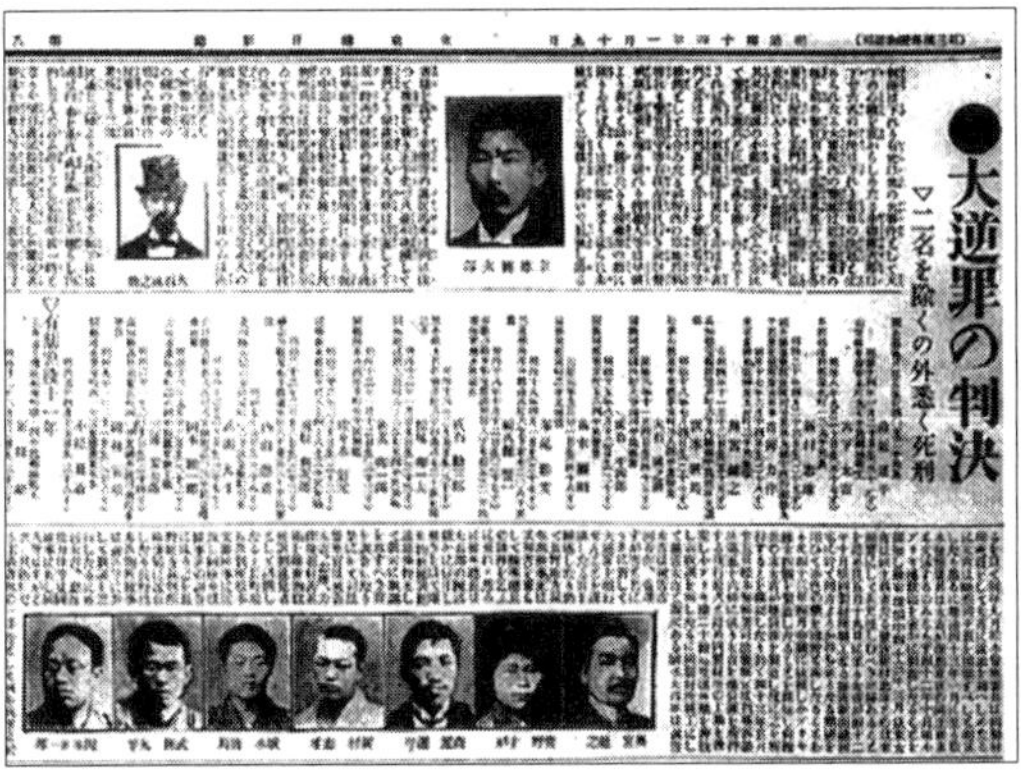
大逆罪の判決
▽二名を除く外悉く死刑

東京朝日新聞　明治44年1月19日付

豆知識　明治33年に成立した「治安警察法」で労働運動の取り締まりが強化され、日露戦争後の不況もあって一部の社会主義者たちは過激化していた。明治42年、宮下は長野県明科で爆裂弾の実験に成功。翌年5月、宮下の他、菅野スガ、古河力作、新村忠雄の計4名は暗殺計画を練るが、発覚し、約1週間後に逮捕された。

成した幸徳秋水は、社会主義運動の中心人物の一人でした。

関口 事件の裁判は非公開で行われたとか。

保阪 幸徳秋水や暗殺計画と直接関係のない者も含めて、一二名が判決から一週間後という異例の速さで死刑を執行されたのです。

関口 罪を犯してもいないのに、死刑にされてしまった者もいたわけですか。それはひどいな！

保阪 この事件に関しては、徳冨蘇峰の弟で『不如帰《ほととぎす》』で有名な小説家、徳富蘆花も「忠義立てして謀叛一二名を殺した国務大臣こそ不忠不義の臣」と抗議していますし、アメリカやイギリス、フランスの社会主義者たちも日本政府に抗議を行っています。

関口 でも、政府は弾圧を止めなかったのですね。

保阪 その背景には、日露戦争反対を機に高揚した社会主義運動がありました。政府はそれを抑えるため、ごく一部で計画されていた天皇暗殺計画を歪曲して無関係の社会主義運動家たちに大弾圧を加えたのです。これ以降、日本の社会主義運動は「冬の時代」に入りました。

徳冨蘆花

関口 あの悪名高い特高（特別高等課）もできるわけですか。

保阪 ええ、反体制活動の取り締まりのために警視庁内に特高が設置されたのは、この事件がきっかけでした。特高は昭和三年までに全国に設置され、特に日中戦争以降は反戦や反軍的活動の取り締まりに乗り出して、庶民の言動にまで目を光らせるようになります。

関口 ところで、明治天皇はご自分の命を狙われたわけですから、ショックだったでしょうね。

保阪 いいえ、実は明治天皇は事件をまったくご存じなかったのです。事件の判決が新聞に出た日、桂首相ははじめて天皇に伝えています。

関口 明治天皇は知らなかったのですか！

保阪 判決が出た日に、はじめて「こういう事件がありました」と知らされた。これが何を示すのかというと、このころには、明治天皇と政治の間に齟齬《そご》が生じていたということです。

関口 ああ、両者の間に溝ができていたのですね。確かに、天皇暗殺計画を利用して国に刃向かう者を一斉弾圧したのに、天皇ご本人には

豆知識 大逆事件の翌年8月、「特別高等課（特高）」が警視庁に設置された。目的は反体制活動の取り締まりで、主として社会主義運動を弾圧。しかし、その矛先は徐々に国民の思想・言論・政治活動にも向けられるようになる。

その事実を知らせていなかったわけですからね。

保阪　244ページで触れたように、この時代はすでに伊藤博文の次の世代の人が指導者になっていますが、明治天皇はそうした人たちとは必ずしも円滑にいっていませんでした。さらに当時の史料を読むと、明治天皇は日露戦争後の明治三七、三八年以後は、言葉をほとんど発しなくなり、体調も悪くなっていったといいます。もともと寡黙で、親しい伊藤博文以外とはあまり話をしませんでしたが、それがほとんど話さなくなった。式典に出てもぼんやりされていることや、会議で眠ってしまったこともあるそうです。つまり、お身体がかなり悪くなってきたということでしょう。ただ、医者がお嫌いでした。

関口　医者には見せたくない。同時にお医者さんの側も、畏れ多いということもあったでしょうね。

保阪　そうです。天皇を神格化して「玉体」と言っていたわけですから、その玉体を診る、触るということは、非常に畏れ多いわけです。晩年は、天皇としての孤独があったのではないかと推測しますね。

晩年の明治天皇

豆知識　明治天皇の命を直接狙われたことで、これまで天皇を神格化してきた政府もショックを受けた。傷つけられた天皇観を補修して社会不安を緩和する策として、事件から約1年後、「恩賜財団済生会」を設立。天皇の下賜金150万円と民間寄付金により、貧民に対し医療救済することを目的とした団体で、2020年現在も社会福祉法人として、病院や乳児院などを運営している。

46

「私は皇太子の教育に失敗した」とつぶやいた明治天皇

明治四五年
1912

明治天皇の体調悪化……一九一二年七月一九日、明治天皇が夕食後に昏睡状態に陥り、二〇日には「御不例（病気）」であると発表される。

明治天皇が気に病んだ、
「文人」皇太子の奔放な性格！

関口　明治四五年七月二〇日、明治天皇がご病気であると発表されました。持病の糖尿病が悪化して、「尿毒症」を発症されたと。

保阪　明治天皇は日露戦争前から肥満が進み、糖尿病や腎臓炎を発症していました。戦争中の激しい精神疲労に加え、伊藤博文の暗殺や大逆事件のショックも大きく、体調が悪化していたと言われています。

関口 明治天皇は、伊藤博文を信頼していたといいますからね。

保阪 そうですね。明治天皇がもっとも信頼していたのは伊藤博文でした。わずか一四歳で即位した明治天皇を側で支えていたのが、一一歳年上の伊藤だったのです。一緒に新しい国をつくっていく中で、伊藤は天皇に耳の痛いことも話していましたし、天皇も伊藤を信頼して、さまざまなことを相談していたそうです。ですから伊藤が暗殺されたときには、明治天皇はひどく嘆き悲しんだと言われていますね。さらに、明治天皇には気に病むこともありました。

関口 明治天皇は、何が気にかかっていたのでしょう？

保阪 皇太子の嘉仁親王のことです。明治天皇は皇太子教育、つまり大正天皇への帝王学ということですが、それに失敗したと、晩年に側近たちへ漏らしているのです。

関口 大正天皇が病弱だったことはよく伝わっていますが、その実像についてはあまり知られていませんね。

保阪 明治天皇は「天皇はかくあるべし」という理想像を皇太子に伝えようとしていたのですが、思うようにいかなかったようです。たとえば明治四三年頃、明治天皇は皇太子を呼び、上奏に来る人たちに自分がどう答えるかを見ていなさいと言って、自分の側に立たせるのですね。軍人や首相が来て報告するのを、明治天皇は頷いたり、黙ってじっと見つめたり、視線を外したり、いろいろな態度をとります。君主たる態度を息子に見せていたわけです。ところが肝心の皇太子は、その時間が嫌で嫌で仕方がなかったと周囲に話しています。

関口 当時、天皇には絶対君主としての権威が求められていましたから、明治天皇は実地教育で教えようとされたわけですね。

保阪 明治三〇年代には、皇太子は父親に代わって行啓（地方巡啓）をしています。各地に出かけて日本のことを知るだけではなく、国民に対する皇太子のお披露目という意味合いもありました。その巡啓で皇太子は早朝に起き出して、お付きの者も付けずに朝市などに足を運

豆知識 大正天皇は、明治12年8月31日に生まれ、明治天皇崩御後に32歳で即位した。その在位期間は大正15年12月25日の崩御までだったが、生来、体調が優れず、健康状態には常に不安が持たれていた。

ぶのですね。そこで市場の人に「これは何?」「どうやって食べるの?」なんて聞くわけです。すると地元の人は、皇太子であるとは知らないから、「あんた、誰?」と聞き返す。天皇が神格化されていた当時、それはとても考えられない出来事でした。

関口　まあ、奔放な性格だったのですね。威厳には欠けますが……。

保阪　また大正天皇は、軍事や戦争はお好きではありませんでした。軍の演習への参加も嫌がっていたそうです。ただ、漢詩を詠むことに関しては天賦の才の持ち主でした。天皇でなければ、優れた詩人になっていただろうと評価する人もいます。明治天皇としては、自分の跡を継ぐ強い天皇像を期待していたけれども、大正天皇は「武の天皇」ではなく、徹底した「文の天皇」だったのだと思いますね。

関口　明治天皇は、それで心配していらしたのですね。そんな明治天皇は、七月一五日に枢密院の議会に出席した日から不整脈の症状が表れ、四日後の夕食後には昏睡状態に陥ってしまいます。

保阪　その議会は一時間足らずでしたが、途中で寝てしまったと側近

豆知識　大正天皇は10代の半ばから漢詩の詩作を始め、20年ほどの間に1367首を作ったと言われている。

に漏らしていますから、その時点でかなり衰弱されていたのでしょう。きっと明治天皇はご自分の体を徹底的に酷使し、それで自分の人生が終わってもいいとお考えになっていたのではないでしょうか。

関口　明治天皇のご病気が発表されてからは、皇居前には回復を祈る民衆が詰めかけたそうですね。

保阪　歌舞音曲が中止されるなど、自粛ムードも高まっていきます。

関口　そして明治四五年七月三〇日、ついに明治天皇が崩御されます。御不例の発表から、わずか一〇日後のことでした。

豆知識　明治45年7月15日、枢密院議会に出席した明治天皇は不整脈になり、19日に夕食でワイン2杯を飲んだ後、昏睡状態に陥る。20日、「御不例」発表があり、重体であることを告げる新聞の号外も発行された。

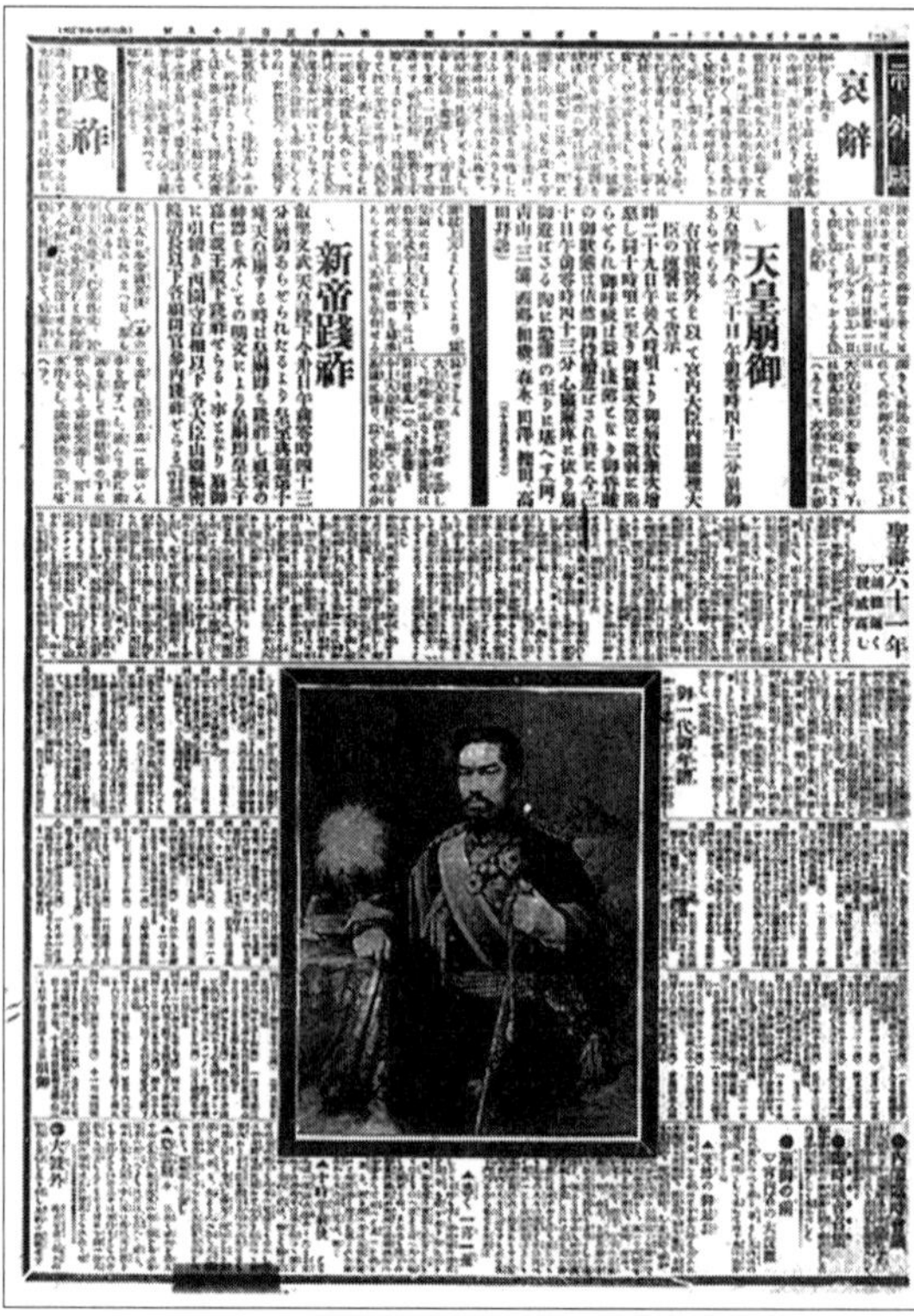
哀辭

天皇崩御

新帝踐祚

踐祚

天皇崩御を知らせる新聞(東京朝日新聞7月31日付)

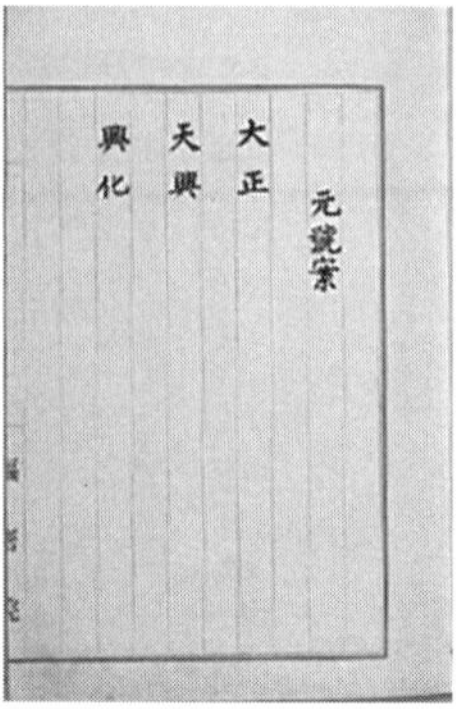

元号建定の詔書案

32歳で即位した大正天皇

47

明治の終焉――天皇崩御と乃木大将夫妻の殉死

明治四五年
1912

明治天皇崩御……一九一二年七月三〇日、明治天皇が崩御。死因は心臓麻痺と発表された。九月一三日、大喪の礼が執り行われる。

「万世一系」神話を守るため天皇の臨終時刻を操作？

関口　明治四五年七月三〇日、ついに明治天皇が崩御されます。

保阪　崩御の日時は、公式発表では三〇日の午前〇時四三分になっていますが、実は前日二九日の夜だったとも言われています。

豆知識　明治45年7月30日午前0時43分、明治天皇崩御が官報号外を通して発表された。尿毒症の悪化から起こった心臓麻痺が原因と言われている。

関口　なぜ崩御の時刻をずらしたのでしょう？

保阪　皇位の引き継ぎの儀式「践祚《せんそ》の儀」は崩御当日に行わなければいけないというしきたりがあったからだといいます。皇位継承の時間的空白をつくらないために、崩御の時刻を翌日にずらしたのですね。

　私は、天皇が万世一系でつながっているというのは神話だと思いますが、その神話を守るために死の時刻を動かしたわけです。

関口　さて、明治天皇の大喪の礼は大正元年九月一三日、青山練兵場（いまの明治神宮外苑）で行われました。葬列は二万人、長さは五キロにも及んだそうです。この大喪の礼は、神式で行われたそうですね。江戸時代の孝明天皇までは仏式で行われていたそうですが。

保阪　明治初期から「神道国教化政策」が進められたためです。明治政府は国民の心の拠り所をつくるため、明治三年に「大教宣布の詔」というお触れを出します。神道を国教と定め、天皇を神格化するという内容ですが、これによって天皇を頂点とする新しい国家をつくろうとしたのです。それで天皇家の葬式も神式になりました。

豆知識　30日、明治天皇の崩御を受けて、皇太子嘉仁親王（32歳）が践祚の儀を行い、「大正」に改元された。

明治天皇　大喪の礼

関口 その後、明治天皇の亡骸は京都の伏見桃山陵に葬られました。埋葬の地が京都になったのは、天皇ご自身の遺志だそうですね。

保阪 一四歳で京都から東京に連れてこられて以来、ずっと東京にいらした天皇は、生前、京都に行きたいとよく漏らしていたそうです。亡くなった後は、生まれ故郷の京都に帰りたかったのでしょう。

関口 この大喪の礼の当日、衝撃的な事件が起こります。陸軍大将・乃木希典とその夫人が、天皇の後を追って自決するのですね。

保阪 当日の午後八時過ぎに弔砲といって、空砲がドーンと鳴るんですね。その最初の音が鳴ったとき、自宅で切腹したのです。

関口 乃木大将は遺書を残しています。西南戦争で連隊旗を奪われたことを償うための死である、というのですが、西南戦争は明治一〇年ですから、もう三五年も前のことですよね。

保阪 そのことが、ずっと彼の心の重荷になっていたのでしょう。

関口 明治天皇は生前、乃木大将に「死を願うのであれば、朕が死んだあとにせよ」と言われたことがあるとか。

明治天皇が埋葬された伏見桃山陵

保阪　その言葉が、乃木の生きる支えだったのかもしれませんね。

関口　乃木さんは辞世の句も残していますね。「うつし世を　神さりましし　大君の　みあとしたひて　我はゆくなり（明治天皇は崩御されてしまった。明治天皇の後を慕って、私も行くとしよう）」。これ、保阪さんはどう受け止められますか。

保阪　天皇への最大の忠節は、この乃木の殉死をもって語られます。しかし私は昭和の戦争が終わった後の世代ですから、神というものを宗教的な意味では理解しても、やはりどうしても天皇を神とは

乃木希典夫妻

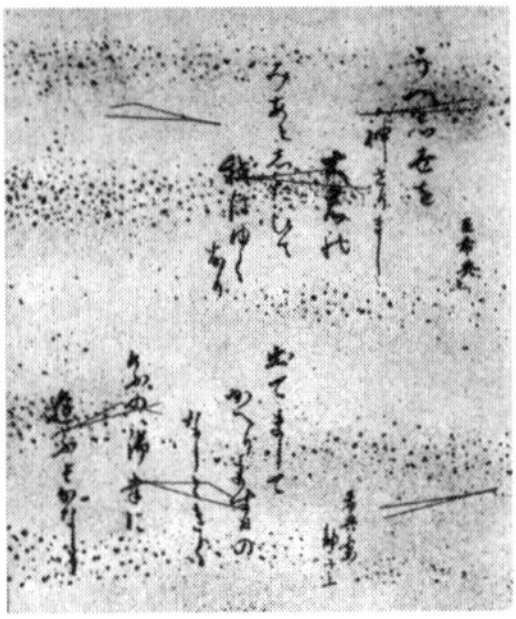

乃木の辞世の句

豆知識　陸軍大将の乃木希典は「大喪の礼」当日の9月13日の午後8時過ぎ、自宅にて妻・静子とともに殉死。62歳だった。天皇に殉じた忠誠心によって乃木は神格化され、「乃木坂」ができ、「乃木神社」がつくられ、「乃木大将の歌」も大流行した。

思えないのです。ですから、ある時代の人のメンタリティがここに出ているのだろうと思いますが、直感的に理解することは難しいですね。

関口 いまの時代では信じられないことですが、この時代にはこうしたメンタリティの人が多かったのでしょうか。夏目漱石も小説『こころ』の中で、明治天皇や乃木の死に触れていますよね。

保阪 程度の差こそあれ、明治天皇を思う気持ちは、夏目漱石のような知識人にもあったと思いますよ。

関口 我々が考えるより、天皇の存在が大きかったのですね。

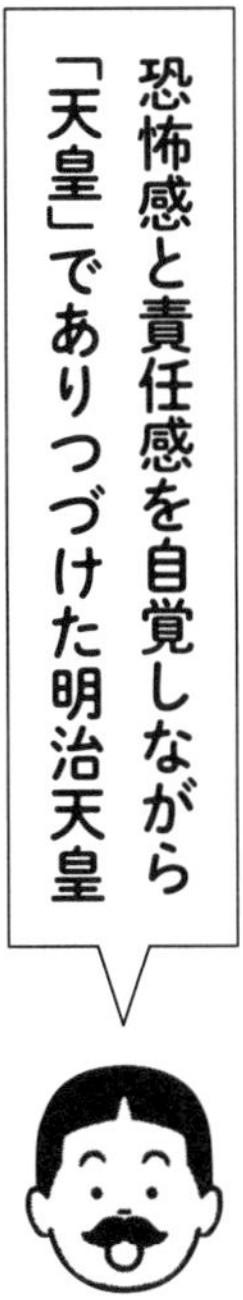
恐怖感と責任感を自覚しながら「天皇」でありつづけた明治天皇

保阪 それから、あえて客観的に言えば、乃木希典は軍人としては、それほど能力のある人ではありませんでした。

豆知識 夏目漱石は崩御の翌日、「明治天皇奉悼之辞」を無署名で発表する。小説『こころ』の中でも、〈その時私は明治の精神が天皇に始まって天皇に終ったような気がしました。最も強く明治の影響を受けた私どもが、その後に生き残っているのは必竟時勢遅れだという感じが烈しく私の胸を打ちました〉と、明治天皇について触れている。

関口　え、そうなんですか⁉

保阪　西南戦争で連隊旗を奪われただけでなく、日露戦争では第三軍司令官として旅順攻囲戦と奉天会戦を指揮しましたが、旅順では戦死者約一万五四〇〇名、戦傷者約四万四〇〇〇名という大損害を出しています。陸軍内でもその責任を問う声が噴出しました。明治天皇も、乃木の軍事的能力は評価していなかったと思いますね。

関口　軍事的には評価できないということですか。意外ですね……。

保阪　ただ、乃木は二人の息子を日露戦争で失っています。また人間的にはきわめて実直で、質素な人でした。明治天皇が大正天皇への教育に失敗したと漏らしたことは前に触れましたが、その分、明治天皇は皇孫たち（後の昭和天皇や秩父宮など）への教育に情熱を傾けました。そして「お前は二人の息子を失ったが、生徒たちを我が子だと思って育ててほしい」と述べて、乃木を学習院の院長に据えたのです。

関口　では、乃木さんを人間的には信頼していた？

保阪　そうでしょうね。乃木は皇孫たちにも倹約の大切さを教え、日頃から鉛筆は短くなるまで使いなさいなどと話していたそうです。また、自決の数日前には裕仁親王（昭和天皇）と雍仁親王（秩父宮）に本を二冊渡し、よく読むよう言ったといいます。その本は、天皇とはどんな存在であるか、天皇はどう振る舞えば民を安心させるのかを書いた本でした。乃木は当時一一歳の昭和天皇にそうした本を託して、自決したわけです。

関口　なるほど。教育者としては優れていたのかな。

保阪　乃木希典という人は、軍人としての評価よりも、天皇に対する忠誠心や人間的な誠実さなどが評価される人物だと思いますね。

関口　でも、乃木大将と言えば「名将」のイメージがあります。

保阪　日露戦争では、多数の兵士の犠牲を出したものの、日本はロシアに辛勝しました。しかし賠償金がとれなかったことに国民は怒り、日比谷焼き討ち事件などを起こしましたが、そういった国民感情をなだめるためにも、政府は「日本はすごい国だ」とナショナリズムを煽ったのです。日本の大勝利を喧伝した結果、乃木を含む上層部の者に対するお咎めはありませんでした。

関口　成功体験だけが神話化されてしまったのですね。

保阪　よく明治の日本は輝いていたけれど、昭和に入ってダメになったというストーリーが多くの日本人に共有されていますね。ですが、これまで定説とされてきた史実はどこまでが本当なのか、詳細に検証すべきだと思いますよ。

関口　なるほど。明治天皇については、どう思われますか？

保阪　明治天皇が亡くなったとき、その死は世界各国で報じられ、こう言われました。明治天皇は二百数十年眠っていた国を開いて一気に近代化し、日本の歴史上もっとも大きな役割を果たした天皇であると。天皇のあり方は、明治時代から大きく変わりましたよね。それまでは権力は武家政権、権威は朝廷と二分していたのが、明治以降は権力と権威が一体化し、天皇は権力と権威の象徴となりました。しかし天皇自体が差配するのではなく、臣下の者に天皇の大権を預けて差配するという形です。それが良いか悪いかは別として、明治という時代

豆知識　明治天皇の棺は大喪の礼の翌日、京都に列車で運ばれ、伏見桃山陵に埋葬された。しかし、東京にも明治天皇を祀ってほしいという国民の声が高まり、大正9年11月、もともと御料地であった代々木に明治神宮が創建された。

には、それなりに妥当性があったのだろうと思いますね。

明治天皇という人は、沈黙によって、君主としての立場を貫いたと言われます。上奏でも一言も話さず、ときにジロリと相手を睨む。そうした表現を通して、「天皇」でありつづけたのでしょう。

あとがき

なぜ私はここにいるのか。

なぜ私はこの人生なのか。

この究極のテーマに迫ろうとするなら、矢張りいま、ここに繋がる歴史に関心を向けるべきなのでしょう。

点々、ポイント、ポイントの歴史も大切ですが、大きく広く、時系列に並べてみると、
そのひとつひとつの史実も違う見え方がしてきます。

二〇二〇年九月　関口 宏

近代日本史を知らなすぎる、との感想を何度か持った。

ある時期まで私立大学で近現代史の講座を担当していての実感だった。高校では日本史は選択科目と聞いて驚いた。二年ほど前に関口宏さんから、近現代史を年単位でやってみませんか、と言われて、私は即座にうなずいた。使命感も持った。

高齢者、壮年、青年、あらゆる世代にわかりやすく、〈ｈｉｓｔｏｒｙ〉を〈ｈｉｓ ｓｔｏｒｙ〉と嚙み砕いて、望遠鏡ではなく、顕微鏡で見ていこう、まず私たちの祖父母や父母がどう生きたのか、確認していこう、この精神で生まれたのがこの番組であり本書である。

現在の私たちの姿、明日の姿を確かめるために読んでほしい、と痛切に思う。

二〇二〇年九月　保阪正康

「関口宏のもう一度！ 近現代史」

BS-TBS、BS-TBS4Kで毎週土曜、12:00～12:54放送中

〈番組スタッフ〉

構成：武田隆／若林淑子

TBSスパークル

プロデューサー：別部時彦

演出：世良史朗／岩井俊幸／田口悦子

AD：池上希生

ゴッズダイナミックワールド

プロデューサー：後藤史郎

演出：相田茂雄／松坂世大／川口亮／斎藤元輝

AD：萩野幹大

三桂

清水康三／龍田耕一

アシスタントプロデューサー：世良田光

制作プロデューサー：朝岡慶太郎

〈写真・図版出典一覧（順不同）〉

宮内公文書館
東京都立中央図書館特別文庫室蔵
聖徳記念絵画館蔵
久米美術館蔵
東京大学史料編纂所所蔵模写
国立国会図書館蔵
時事通信社
毎日新聞社
ジャパンアーカイブ
アフロ・フォト
郵政博物館蔵
山口県文書館蔵
北さん堂
アメリカ議会図書館蔵
東京ガス　ガスミュージアム蔵
みどり市大間々博物館蔵
秋田県立博物館蔵
三重県総合博物館蔵
早稲田大学図書館蔵
高知市立市民図書館蔵。国文学研究資料館近代書誌・近代画像データベース画像公開
小金井市・深澤篤彦氏蔵。町田市立自由民権資料館提供
個人寄託・高知市立自由民権記念館保管
和歌山市立博物館蔵
国立公文書館蔵。アジア歴史資料センター公開
日本新聞博物館蔵
大英図書館蔵。アジア歴史資料センター公開
国立映画アーカイブ蔵
サッポロビール株式会社提供

関口 宏（せきぐち・ひろし）

1943年、東京生まれ。1963年NET（現テレビ朝日）シオノギ劇場「お嬢さんカンパイ」でデビュー。その後、「青い山脈」「花と果実」「旅路」「元禄太平記」「油断」などのテレビドラマや、東宝「社長シリーズ」、日活「白鳥」「四つの恋の物語」などの映画にも出演。9年間フジテレビの「スター千一夜」の司会を務めた後、TBS「クイズ100人に聞きました」「わくわく動物ランド」「関口宏の東京フレンドパーク2」「サンデーモーニング」、読売テレビ「ワンダーゾーン」「関口宏のびっくりトーク ハトがでますよ!」「輝け!噂のテンベストショー」、日本テレビ「知ってるつもり!?」など幅広いジャンルの番組で司会者として活躍。

保阪 正康（ほさか・まさやす）

1939年、札幌市生まれ。同志社大学文学部卒業。ノンフィクション作家。「昭和史を語り継ぐ会」主宰。昭和史の実証的研究を志し、延べ4000人もの関係者たちに取材してその肉声を記録してきた。個人誌『昭和史講座』を中心とする一連の研究で、第52回菊池寛賞を受賞。『昭和史 七つの謎』（講談社文庫）、『あの戦争は何だったのか』（新潮新書）、『東條英機と天皇の時代（上下）』（文春文庫）、『昭和陸軍の研究（上下）』（朝日文庫）、『昭和の怪物 七つの謎』『近現代史からの警告』（以上、講談社現代新書）、『昭和史の大河を往く』シリーズ（毎日新聞社）など著書多数。

関口宏《せきぐちひろし》・保阪正康《ほさかまさやす》の
もう一度《いちど》！近現代史《きんげんだいし》　明治《めいじ》のニッポン

2020年10月15日　第１刷発行
2022年７月６日　第６刷発行

著　　　者　関口《せきぐち》 宏《ひろし》　保阪正康《ほさかまさやす》

発　行　者　鈴木章一
発　行　所　株式会社講談社
東京都文京区音羽2-12-21　郵便番号112-8001
電話　編集　03-5395-3522
　　　販売　03-5395-4415
　　　業務　03-5395-3615

KODANSHA

構　　　成　真田晴美
イ ラ ス ト　白根ゆたんぽ
帯写真撮影　片山菜緒子
装　　　幀　井上則人
本 文 D T P　土屋亜由子（井上則人デザイン事務所）
本文図版作成　アトリエ・プラン
印　刷　所　株式会社KPSプロダクツ
製　本　所　株式会社国宝社

ISBN978-4-06-520240-1